ある裁判の戦記

竹田恒泰との811日間の戦い

山崎雅弘

かもがわ出版

はじめに

二〇二〇年一月二十五日、東京地方裁判所から届いた「特別送達」という見慣れないはんこが捺された封筒を、ペーパーナイフで切り開きながら、私は呟きました。

「あいつ、ほんまに訴えてきよったんか…」

送り主は、竹田恒泰氏の代理人弁護士で、竹田氏はその少し前に「もし貴方が自分の言うとおりにしなければ提訴する」との予告をツイッターに投稿していたので、私が訴えられたこと自体に、特段の驚きがあったわけではありません。

私は、過去に一度も裁判の原告や被告になったことがなく、法廷見学とも無縁で、裁判のプロセスやそれにかかる時間や費用がどの程度なのかも全然知らなかったので、異世界の闘技場で「戦い」の舞台に放り込まれたという、奇妙な感慨を覚えました。

――自分はこれから、裁判の法廷という「戦場」で相手と情け無用の「戦い」を繰り広げることになる。この戦いは、一瞬では終わらず、精神的なストレスのかかる日々が長く続き、やがてどちらかが「勝者」、もう一方が「敗者」と裁定されよう。

そこで「勝者」になるためには、自分がまだ知らないことを「戦い」の中で学びつつ、すでに持っている能力を最大限に磨いて駆使しなくてはならなくなるだろう。私はこれまで、本や雑誌の原稿を著す仕事をプロとして続けてきたが、その業務で鍛えた問題分析力や論理的思考力、文章での表現力は、裁判官にも通用するだろうか——。

いわゆる「武者震い」とは少し違う感覚でしたが、私は長らく味わっていなかった「戦いを前にした緊張感」が全身に広がるのを感じ、覚悟を決めて裁判の準備に取りかかりました。裁判の各段階において、自分が「勝者」となることを信じながら。

本書は、戦史・紛争史研究家として、二〇年以上にわたる著述活動を行ってきた筆者が初めて著す「戦記」の本です。

戦記とは、戦争や紛争などに当事者として関わった人間が、そこで経験した「戦い」について自らの手で書き記した、一定の歴史的価値を有する記録を指します。

本書の場合、筆者が当事者として関わったのは、竹田恒泰という人物が私に対して起こした「民事裁判」であり、戦争や紛争ではありません。

けれども、古今東西の戦いや争いの歴史を多面的に分析する作業を生業としてきた者として、自らの「戦い」の経験を今後の社会に役立ててほしいとの思いから、筆者から見た裁判の経過や、それに関連するさまざまな社会問題の分析と考察、そして東京地方裁判所と東京高等裁判所、最高裁判所の判決内容を記録に残しておくことにしました。

この裁判の発端は、ある地方の教育委員会が竹田氏を講師に招き、中高生向けの講演を行わせる企画を、私がツイッターで批判したことでした。その際、私はいくつかの根拠を提示した上で、竹田氏を「人権侵害常習犯の差別主義者」と論評しました。

この投稿が名誉毀損に当たるとして、竹田氏は私を提訴したのでした。

しかし、東京地方裁判所と東京高等裁判所の裁判官はいずれも、双方が提出した準備書面や陳述書、それらの根拠となる尨大な証拠（竹田氏が過去に行った発言や著述内容なども含む）を法理と論理に基づいて綿密に精査した上で、私の投稿は「公正な論評」であり「ツイートとして相当と認められる範囲内にとどまる」として竹田氏の請求を棄却し、それを不服とした竹田氏側の上告も、最高裁判所は棄却する判断を下しました。

これにより、私は竹田氏との裁判において、地裁、高裁、最高裁のすべての戦いで「勝者」となることができました。

この三度にわたる全面勝訴は、裁判の素人である私が一人で得たものではなく、佃克彦さんというプロフェッショナルな代理人弁護士が作成・提出して下さった準備書面や弁護戦略、裁判費用の寄付を呼びかけて物心の両面から裁判闘争を支えてくださった思想家の内田樹さん、そして大勢の支援者の方々からのサポートによって勝ち得たものでした。

そうした方々から、私がどのような支援を受けたのかについても、本書の中できちんと記録に残しておきたいと思いました。裁判の最中には、さまざまな形で不安やストレスに直面しましたが、多くの方からの応援やご支援は、本当にありがたいものでした。

本書の柱は、私が代理人弁護士や大勢の支援者の助力を受けながら、東京地裁と東京高裁、最高裁の三つの審理で全面勝訴を勝ち取るまでの法廷闘争の記録です。

それに加え、本書の中では、裁判の中心的な論点となった「差別」の問題に加え、裁判の発端となった私のツイートとも無関係ではない、竹田氏が過去に行った発言や著述内容に関連する日本の社会問題（例えば「自国優越思想」や「歴史修正主義」、「戦前的教育への回帰指向」、「天皇の過剰な権威化」など）についての分析と論考も行い、それが社会に及ぼす否定的な影響を考察しました。

これらの社会問題はいずれも、昭和初期からアジア太平洋戦争の敗戦に至る時期の大日本帝国にも通じるものでした。それは、当時の日本の針路を大きく狂わせ、侵略戦争や他国民の虐殺を引き起こして内外で多くの人に死と苦痛と不幸をもたらし、日本の国内も焦土と化す破滅的な敗戦へと向かわせた一因であったと、私は認識しています。

それゆえ、自分の生まれ育った日本が、再びあのような間違った道へと進むことのないよう、歴史研究者の責務として、これらの社会問題に潜む危険性を読み解きました。

本書の巻末には、東京地裁の裁判官によって作成された判決内容の一部を採録しました。この判決文は、裁判官がどんな観点から双方の主張を吟味し、何を重視して判決を下すのかについての「一次資料」であり、公益の向上に寄与する材料として活用していただければ幸いです。

それではまず、裁判の発端となった私のツイッター投稿から、話を始めましょう。

第一章

人生で初めて「裁判の被告」となる

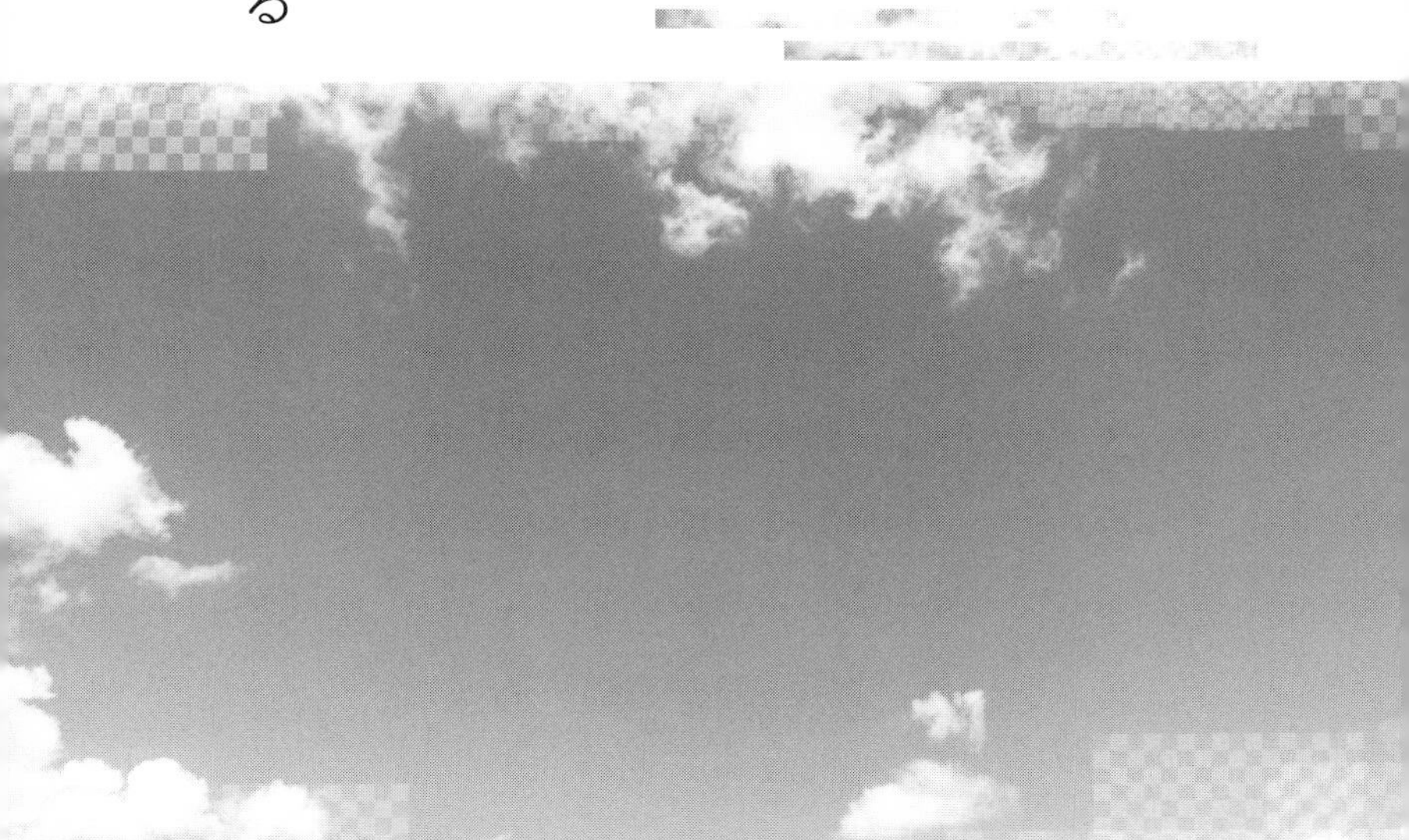

竹田恒泰氏の「中高生向け講演」企画をツイッターで批判

◆富山県朝日町の教育委員会を批判した最初のツイート

ことの起こりは、二〇一九年十一月八日に私がツイッターに投稿した「三連ツイート」でした（ツイートとは「つぶやき」を意味し、個々の投稿を指します）。

ツイッターは、一回につき日本語で一四〇文字までという制限のある「短文投稿型」のSNS（ソーシャル・ネットワーク・サービス）で、関連する内容を投稿する際には、前に投稿したものに付け足す形にできます。パソコンだと、投稿三つまでなら連続した形で画面に表示されるので、私はこの「三連ツイート」の手法をよく使います。

また、ツイッターには単独での投稿とは別に、誰かの投稿を「引用」して自分のコメントをそれに追記する形式の「引用リツイート」という投稿の仕方もあります。竹田氏に関して私が行った「三連ツイート」の一つ目は、「引用リツイート」の形式でした。
その投稿（十一月八日午後一〇時四四分）で私が引用したのは、ある人（「うちなーあるある　ネトウヨかるた」氏）が二日前の十一月六日に書いた、次のような内容でした。

大丈夫なの⁉　11月13日、＃富山県朝日町 の教育委員会主催で町内の中・高校生たちに＃竹田恒泰 氏を呼んで講演会をする（生徒たちは強制参加）ってほんとですか⁉　（略）教育委員会はなぜ極右に講演させる⁉

この投稿には、講演会の関連情報を記したチラシの画像が添付されていました。

令和元年度　朝日町中高連携推進事業「教育講演会」
日時　２０１９　11・13水　15：30～17：30（開場15：00～）
場所　朝日町文化体育センターアリーナ
特別講演　日本はなぜ世界でいちばん人気があるのか　竹田恒泰
お問い合わせ　朝日町教育委員会事務局

これを見て、看過できないと思った私は、引用リツイートでこう書き記しました。

竹田恒泰という人物が普段どんなことを書いているか、ツイッターを見ればすぐ確認できる。それでもこの人物を招いて、町内の中・高校生に自国優越思想の妄想を植え付ける講演をさせる富山県朝日町の教育委員会に、教育に携わる資格はないだろう。社会の壊れ方がとにかく酷い。

◆根拠を挙げて「人権侵害常習犯の差別主義者」と論評

この投稿に続き、私は同日午後一一時〇分に、二番目の投稿を行いました。

竹田恒泰という人物が過去に書いたツイートを４つほど紹介するだけでも、この人物が教育現場に出してはいけない人権侵害常習犯の差別主義者だとすぐわかる。富山県朝日町の教育委員会が、何も知らずに彼をわざわざ東京から招聘するわけがない。つまり今は教育委員会にも差別主義者がいる可能性が高い。

文中で言及したように、私はこの投稿に、竹田氏が過去に書いたツイートを画像として保存したものを四点添付しました。そこに書かれていたのは、こんな文言でした。

韓国は、ゆすりたかりの名人で、暴力団よりたちが悪い国だ。そういう国とは、付き合わないのが一番。韓国は黙殺し、反論は国際社会に対してすればよい。

（二〇一四年二月十二日一一時四三分）

そもそも韓国に、毀損されるような名誉があるのか？？？

（二〇一四年一〇月一〇日一五時三一分）

韓国が慰安婦の像を作るなら、日本は、嘘をつく老婆の像でも作ったらどうだ？　口をとがらせてまくしたて、片手には札束を握りしめて、ゆすりたかりをしている感じで。

（二〇一四年二月四日一六時九分）

事実かどうかはもはやどうでも良い。韓国は胡散臭い。韓国政府が何を言っても信用できない。だからホワイトから外す。理由は「胡散臭いから」。それ以上の理由は不要。

韓国が制裁違反疑惑で国際機関の調査を提案「シロなら日本が謝罪せよ」（産経新聞）Y!ニュース（二〇一九年七月十二日二時五九分）

後で述べるように、私はこの四つのツイート内容だけでも、竹田氏が「教育現場に出してはいけない人権侵害常習犯の差別主義者」である証拠になると理解していました。

教育委員会が主催する中学生や高校生向けの講演で、演壇に立たせてもいい人物かどうか、この四つのツイートを読めば、誰でも判断できるだろうと思ったからです。

◆大阪市教育委員会も竹田氏の講演会を後援

二番目のツイートを投稿した翌日の十一月九日午後二時三五分、私は【大阪でも12月に大阪市教育委員会の後援で竹田氏の特別講演会があるようです。6月に既に一度開催されてます。】という別の方の画像入りツイートを引用する形で三番目の投稿を行いました。

> これも問題ですね。大阪市教育委員会の後援ということは、竹田恒泰氏の日頃の発言内容を「問題だ」と思わない、民族差別や国籍差別、男女差別に鈍感／無感覚な人間が、大阪市教育委員会という公的組織の内部の要職にいることを意味します。教育行政が音を立てて崩れている。

ここで言及されている「大阪での講演会」について、引用元の投稿にあったチラシの画像を見ると、講演のタイトルは「日本を楽しく学ぼう　勉強会」で、開催日は「令和元年（二〇一九年）12月10日（火）」、場所は「朝日生命ホール8階」、「主催：大阪竹田研究会　後援：大阪市教育委員会」と記されていました。富山県朝日町の中高生向け講演会は「入場無料」でしたが、こちらは「会員料金2000円　学生無料」でした。

主催者の「大阪竹田研究会」とは、竹田氏が主催する会員制（有料）の勉強会「竹田研究会」（二〇〇八年発足）の大阪支部で、公式サイトによれば二〇一四年三月から講演会の活動を開始し、二〇二〇年六月までに計三一回の竹田氏の講演を行っていました。二〇一九年十二月十日の講演は、その中の二九番目の講演会となるはずでした。

竹田氏の講演中止と私に対する「名誉毀損」の提訴

◆雑誌「kotoba」のインタビューで私が述べた、差別反対の主張

なぜ私が、前記のような三連ツイートを投稿したのか。

理由はいくつかありますが、一つは日本社会の「差別への甘さ」に対する憤りで、もう一つは竹田氏が娯楽のように社会に広めている、差別思想を煽るような言説を、まだ思考力や倫理観が発育途上にある中高生に聴かせたくないという思いでした。

竹田氏の代理人弁護士から内容証明が届く日より一か月半前の二〇一九年十二月六日、集英社の季刊誌「kotoba」二〇二〇年冬号（第三八号）が発売となりましたが、この号には「差別や人権軽視はいつか自分に牙を剥く」というタイトルで、私のインタビュー記事が掲載されていました。

このインタビューで、私はいわゆる「歴史修正主義」（日本では主に、大日本帝国や当時の日本軍の行動を肯定・擁護する目的で行われる歴史的事実の否認や歪曲。詳しくは第七章で説明）や人権意識の低下と共に、日本社会に蔓延する「差別思想」の危険性を指摘しました。

> 差別はどの社会においても存在し、これからも完全になくすことは困難でしょう。ただし、それを政府に近い人間たちが煽り続けているのは、かなり危険な

状況です。安倍政権が韓国を敵視する状況は今後もしばらく続くでしょうし、百田尚樹氏や竹田恒泰氏、ケント・ギルバート氏のような人たちがメディアでさかんに、韓国や中国への差別意識を煽っている。特定の他国や他民族への「敵意の扇動」、そして人道や人権よりも国家の威信を優先する傲慢な思想の隆盛が、その後の「動乱の道」へと続いたという例は、世界中に数多く存在します（p・53）

三連ツイートの二番目に画像の形で添付した、竹田氏の過去ツイート四つを読めば明白なように、彼は韓国という国やその国民である韓国人（この二つは切り離せるものではありません）に対して差別や偏見を植え付けるような言葉をいくつも発しており、こうした攻撃的な差別的言論を社会に発信する人間に、思考がいまだ発達途上の中高生向けの講演を行わせることは、公益に反すると私は判断しました。

具体的には、一点目のツイートは韓国＝韓国人について「ゆすりたかりの名人」「暴力団よりたちが悪い」と印象づける、差別や偏見の植え付けであり、二点目は韓国という国全体の名誉を貶める、差別思想の植え付けであると私は認識しました。三点目も、韓国人の元慰安婦を嘘つきと決めつけて一点目と同様の差別や偏見の印象を広める内容で、四点目は「韓国は胡散臭い」という言葉で韓国＝韓国人についての不信感や猜疑心（差別や偏見の温床となる思考）を煽るものだと、私は理解しました。

第三章で詳しく説明しますが、日本社会は総じて民族差別や性差別などに甘く、教育委員会という子どもの心理形成に責任を負う公的機関までもが、差別的言説の発信者に発言機会を提供する状況は、どう考えても異常だと思いました。

◆脅迫で中止された講演と竹田氏からの「言いがかり」

先に紹介した三番目のツイートを投稿してから三日後の十一月十二日、私は毎日新聞のある記事に目を留めました。

十一月十一日の二〇時五五分にネット版が公開されたその記事の見出しには、「富山・朝日町教委、竹田恒泰氏講演中止　『教育勅語広める』授業に批判」とあり、本文の冒頭には「富山県朝日町教委は11日、作家の竹田恒泰氏を招いて13日に予定していた講演会を中止すると発表した」と記されていました。

講演中止の理由については、「町立朝日中学と県立泊高校の授業の一環だったが、竹田氏の講演会への批判的な意見が保護者や町民から相次いだ上、開催を妨害する趣旨の電話があり、『会場の安全確保に支障が出る恐れがある』と説明している」とありました。

私は、論理的な批判ではなく「脅迫」という暴力的手段で講演会をつぶすやり方は、社会に対して大きなマイナスの効果を及ぼすと考え、十二日の午後六時二九分に新聞記事の引用文と共に、次のようなツイートを投稿しました。

> これは愛知（トリエンナーレ）の時と同様、警察が捜査し犯人を逮捕してもらいたい。脅迫という手段で中止に追い込むのは許されない。

すると、同日午後一一時二分、竹田氏本人が私のツイートを引用する形で、あたかも脅迫の原因が私の投稿にあるかのような文言「貴殿が煽ったから、このようなことが起きたのではないですか？」をツイッターに投稿しました。

竹田氏の投稿は、筋違いの言いがかりであり、看過できないと思った私は、翌十一月十三日の午後三時二六分に竹田氏の投稿を引用して反論しました。

特定の催しを妨害するために「ガソリンをまく」等の電話をかけて脅迫することは、完全な犯罪行為ですが、竹田恒泰さんは私がその「犯罪を教唆した」と名指しで書かれていますね。これは重大な名誉毀損案件です。私は過去にそのような犯罪を教唆したことは一度もありません。

これに対し、竹田氏は論点を「竹田氏に対する私の批判的投稿」にすり替え、同日午後九時三分に「なぜ私が『差別主義者』『人権侵害常習犯』『自国優越思想』なのか根拠をお聞かせください」という主旨のツイートを投稿しました。

私は同日午後一〇時五四分に、次のような引用リツイートでこれに返信しました。

私が貴方について書いたのは「教育現場に出してはいけない人権侵害常習犯の差別主義者」という言葉で、その根拠として4つのツイートを挙げました。

今回の講演は、民間主催でなく中高生向けに行われる教育委員会主催の公的行事なので、講師としての適格性を問題にしました。

◆私の投稿を「名誉毀損」と見なして提訴した竹田恒泰氏

このあと、私と竹田氏の間で論点が噛み合わないやりとりが続きましたが、竹田氏は十一月十六日の午後八時五八分、私への「訴訟予告」をツイッターに投稿しました。

《訴訟予告》山崎雅弘殿　本日24時までに、私の名誉を毀損する記事を投稿したことにつき Twitter で謝罪し、該当する箇所を全て削除してください。これが実行されない場合は名誉毀損の訴訟を提起します。

私は、十一月十七日の午前二時二三分に竹田氏への返信を投稿しました。

今回の一件で、私が訴訟の脅しに屈すれば、今後は差別主義者を「差別主義者」と断定して批判することを萎縮する空気が社会に生じる可能性があるので、その選択肢はとれません。（略）

竹田氏は、十一月二十九日の午前六時三三分に「山崎雅弘氏は、過去の戦争の歴史には詳しいようだが、自分の戦争については全くダメだ。彼は歴史から一体何を学び取ったのだろうか」という主旨のツイートを投稿しました。

その九分後の午前六時四二分には、心理的な揺さぶりを私にかけようとしたのか、竹田氏は「私の弁護士は、勝ち目のない訴訟はやめるように助言してくれます。それが本当に信頼できる弁護です」という文言を含む内容をツイッターに投稿しました。

それでも私が竹田氏の脅しに屈せず、関連投稿の削除や謝罪の要求にも応じないでいると、竹田氏は二〇二〇年一月二十日の午前五時四九分、ツイッターにこう投稿しました。

本日、東京地裁に訴状を提出し、山崎雅弘氏を相手とする名誉毀損の訴えを提起しました。裁判の経過はまた伝えます。（略）

これを受けて、私は翌一月二十一日の午後三時二五分、竹田氏の当該ツイートを画像として添付する形で、次のような内容の投稿を行いました。

竹田恒泰氏が、私に対して「名誉毀損の訴え」を提起した模様。これに関する私のコメントは以下の通りです。『竹田氏に関する私の言論は、客観的事実に基づく正当なものです。裁判所には私の主張が理解され、必ずや私が勝訴すると確信しています。』

（2020年1月21日）

このコメントは、竹田氏がメディアを集めて提訴の記者会見を開いた場合に備えて、あらかじめ弁護士の佃克彦さんと相談して用意しておいたものでした（詳しくは後述）。

そして、四日後の一月二十五日午後八時四七分には、東京・虎ノ門にある法曹ビルの外に設置されている「テミス」像（テミスとは、ギリシャ神話の掟・秩序・正義の女神で、公正な裁きのシンボル的な存在）の写真を添え、次のようなツイートを投稿しました。

竹田恒泰氏の訴訟に関する書類が、裁判所から届きました。日本でこの分野の第一人者と思う弁護士の先生と共に、正当な理由のない訴訟に対応します。前にも書きましたが、私はこの件で人間として恥ずべきことは何もしておらず、裁判で負ける要素も見当たらないので、毅然とした姿勢で対処していきます。

こうして、二年と三か月にわたる、長い裁判の幕が切って落とされたのでした。

第二章

内田樹さん・佃克彦さんと裁判応戦チーム結成

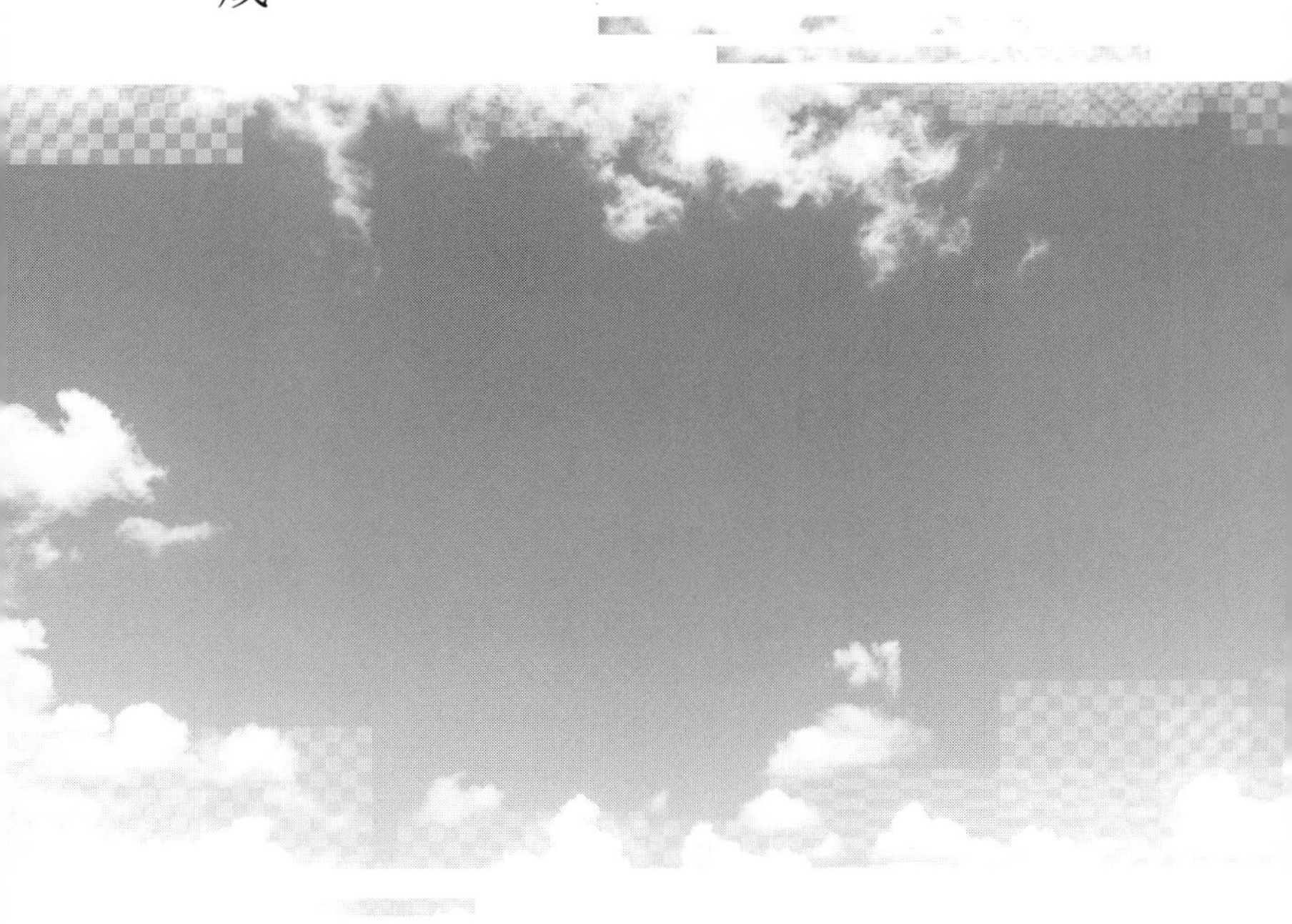

裁判開始前から応援してくださった内田樹さん

◆内田樹さんに送信した「リツイート解除のお願い」

私と竹田氏が、第一章で触れたようなやりとりをツイッター上でしていた二〇一九年十一月十八日の午後七時五分、私は次のような内容の「メッセージ」を、以前から何かとお世話になっている内田樹さんのツイッターアカウントに送信しました。

> こんばんは。ご多忙のところ大変恐縮ですが、以下の私のツイートをリツイートされているのを、リツイート解除していただけますでしょうか？　リツイートボタンをもう一度押すと、解除されると思います。

ここで指定した「以下の私のツイート」とは、Buzzapというネット媒体が公開していた記事のリンクと内容の一部抜粋を含む私のツイート二件で、記事のタイトルは「差別動画で荒稼ぎしていたタレント・竹田恒泰氏らのYouTube公式チャンネル相次いで閉鎖、数万本規模で動画が削除される」というものでした。

第一章で「引用リツイート」について説明しましたが、それはツイッター上での誰かの投稿に自分のコメントを付記して再投稿するやり方で、自分のコメントを付けずに元の投稿をそのまま自分のフォロワー（投稿を読むための登録をした人）向けに拡散するやり方は、単に「リツイート」（RTと略）と呼ばれます。

竹田氏は、このツイートをリツイートした何人かの著名人に対して「リツイートを解除せよ、さもなくば貴方も提訴の対象にする」という意味の投稿をしていました。内田さん以外の著名人は、私が関与しないご自分の判断で竹田氏の要求に従い、リツイートを解除しました。

私は、リツイート解除をお願いする理由について、内田さんにこう説明しました。

すでにご存知かと思いますが、竹田恒泰がツイッターでの投稿内容を理由に私を「名誉毀損で提訴する」「関連する私のツイートをリツイートした人間につ

いても提訴を検討中」と吹聴しています。（略）
社会的影響力の大きな内田さんは、スラップ訴訟の標的になる可能性があります。（略）
私のツイートが原因でもし内田さんにご迷惑をかけてしまうと、もう内田さんに顔向けできなくなってしまいますので、リスク回避のために、リツイートを解除していただければと思います。（略）

内田さんからの返信は、十一月十九日の午前一〇時三一分に届きました。

こんにちは。メール拝受しました。（略）僕は山崎さんがTwitterに書かれたことを拡散する意味があると思ってRTしたので、削除する必要はないと思います。（彼が）訴訟すると脅したくらいで僕は別に困りません。僕へのご配慮はご無用です。こんなことを許したら、言論が萎縮してしまいます。裁判沙汰になるなら一緒に裁判闘争をしましょう。山崎さんが仲間なら心強いです。弁護士費用とかご心配なく。

◆竹田氏に提訴されたケースを想定した準備の始まり

この文面を読んだ時、私は文字通りの意味で、胸が熱くなるのを感じました。すぐにお礼のメッセージを作成し、同日午前一一時四二分に送信しました。

こんにちは。メッセージ拝読しました。内田さんのお考えはよくわかりました。そして、私もとても心強く思いました。ありがとうございます。「こんなことを許していたら、言論が萎縮する」というご指摘は、まさに問題の核心部分だと思います。（略）

恫喝に屈して一度後退すれば、ラグビーのモールで立ち上がってしまった側のように、あとはずるずると下がり続けるだけでしょう。天皇機関説事件以後の日本が、まさにそうでした。

私もこの案件では、最後まで退かずに戦うつもりです。今後の展開はまだ読めませんが、私はもう52歳で、仮に最悪の事態になってもいまさら経歴に傷が付くとか考える年齢でもないですし、不当な攻撃には犯罪以外のあらゆる手を使って徹底抗戦します。


四日後の十一月二十三日の午後五時二九分、私は内田さんに以下のメッセージを送信しました。


こんばんは。竹田の弁護士から内容証明が来ました。

竹田を批判したツイートの削除と竹田への謝罪、そして慰謝料５００万円を要求する内容でした。この吹っかけ方は、典型的なスラップ訴訟に思えます。

（略）

内田さんもご覧になりますか？

同日午後六時三分、内田さんからの返信が届きました。

慰謝料５００万円ですか。ふっかけてきましたね。腰をすえて裁判闘争をすることになりそうですね。裁判費用、必要でしたらクラウドファンディングで集めましょう。内容証明、よろしければお見せください。

◆「ぜひこの一連の出来事を書き残して、後で本にしましょう」

私は、十一月二十一日付けの内容証明で届いた「通知書」（Ａ４版）をスキャンして、午後六時三一分に内田さんに送りました。文書の末尾には、慰謝料５００万円の振込先として、某銀行の口座情報が記載されていました。

そして、私がこの文書と共に送信した「裁判費用をクラウドファンディングで集めることができれば、とてもありがたいです」というメッセージに対し、内田さんからの返信が翌十一月二十四日の午前九時四分に届きました。

おはようございます。（略）これは裁判で白黒つけないといけない案件だと思います。竹田のようなケースを絶対に「成功体験」とさせてはいけません。こういうことは「やってはいけないこと」だということを告知するためにも戦いましょう。クラウドファンディングの件、ちょっと知っている人にやり方聞いてみます。

私は、その日のお昼にこれを読み、すぐに返信しました（午後〇時二九分）。

おっしゃる通りだと思います。こんな恫喝が通るなら、（略）差別的言動を繰り返す人間を良識ある市民が批判する時に、報復的訴訟を恐れて萎縮し口をつぐむという、悪い空気が社会に醸成されてしまいます。

なので、竹田が訴訟を起こしてきたら、私は最後まで徹底的に戦います。内田さんが援護して下さると、本当に心強いです。よろしくお願いいたします。

その後、裁判に関するやりとりを、メッセージで内田さんと行いましたが、十一月二十七日の午後二時三八分に内田さんから届いた内容には、次のような一文がありました。

ぜひこの一連の出来事を書き残して、後で本にしましょう。

私は同日の午後三時二分に送信したメッセージでこう返答しました。

あとで本にするというアイデアは面白いですね。私も関連記録を全部残しておきます。

そして私はいま、この内田さんとのツイッターでのメッセージ交換を含む各種の「一次史料」（やりとりの記録）を参照しながら、この本を書いています。

名誉毀損裁判の第一人者・佃克彦さんとの代理人弁護士契約

◆想像以上に金銭的負担が大きいと知った弁護士費用

内田さんとのメッセージのやりとりでは、裁判費用についても相談しました。

私は、竹田氏が訴訟を示唆した段階で、何人かの弁護士や裁判経験者に話を聞き、仮に私が提訴された場合の弁護士費用がどのくらいかかるのか、情報を収集しました。

その結果は、私の予想を超えるものでした。

二〇一九年十一月二十七日の午後一時四六分に送信したメッセージで、私は関西のある弁護士から聞いた内容を内田さんに伝えました。

基本的に、私のツイッターでの投稿内容は法的に問題がないと再確認しましたが、弁護士費用の話を聞いて、大きな衝撃を受けました。

まず、今回の内容証明郵便への対処（こちらの正当性を説明する文書の作成と送付）を弁護士に依頼すると、その事務所の場合、着手金として44万円。そして、仮に竹田が提訴を見送ったとしても、相手側要求額の減額分の16パーセントを報酬として追加で私が弁護士に支払うとのこと。

今回の場合、竹田の要求額が500万円なので、提訴回避なら要求額減額分（500万円全額）の16パーセントで80万円。つまり、竹田が提訴を見送っても、私は120万円を超える出費を求められることになります。これでは、私にとっては「裁判に負けた」のと実質的に変わらないダメージです。


正直、この金額を聞いて電車で家に帰る途中で、私は頭を抱えました。

もし竹田氏の目的が、訴訟相手である私に経済的ダメージを被らせることであるなら、訴訟を示唆する段階ですでに目的を達成してしまう可能性があったからです。

けれども、私は「竹田氏側の要求」すなわち500万円の支払いと謝罪などを受け入れるつもりにはなれませんでした。また、竹田氏は私への提訴を東京地裁で起こすと予想できるので、代理人弁護士は東京の方にお願いするのがよいかと考えました。

これらを内田さんに相談したところ、内田さんのご友人を通じて、一人の弁護士を紹介していただきました。

それが、裁判所に近い虎ノ門に事務所を構える、佃克彦さんでした。

◆佃克彦弁護士との最初の打ち合わせ

二〇一九年十二月十三日、上京した私は、JR山手線の新橋駅から徒歩で佃弁護士の事務所に向かい、自分が置かれている状況をご説明して、今後の対応を相談しました。

佃さんは、経験豊富なベテランの弁護士で、とりわけ名誉毀損の裁判では日本で第一人者だという評判を、紹介者の方からうかがっていました。私は率直に、自分が裁判については何も知らない素人であることを伝え、竹田氏にどう対処するのが最善なのかを判断するために、佃さんにいろいろな質問をしました。

それらの質問に対する佃さんの返答は、非常に明快で、物腰も柔らかで話しやすく、金銭面での条件も納得のいくものでした。少し安心した私は、竹田氏との法的な戦いにおいて、佃さんに代理人弁護士となっていただくことに決めました。

その旨と契約の条件を、翌十二月十四日午後〇時五五分に内田さんに伝えると、すぐに（午後一時五五分）次のような返信が届きました。

> ご連絡ありがとうございます。では山崎さんの裁判支援のためのクラウドファンディングを始めることにします。（略）

佃さんは、十二月十三日のうちに、竹田氏の代理人への返答として送付する内容証明の文案を作成され、午後四時一三分にメールで私に送ってくださいました。

> 貴職らは、本年11月21日付けで通知人《引用者注：山崎》に対し、通知人がツイッターになした投稿が竹田氏の名誉を毀損するものであり、かかる投稿が朝日町教育委員会に対してなされた脅迫行為に何らかの悪影響を与えたと

して、投稿の削除や損害賠償等を求めていますが、通知人のなした投稿は正当な言論であり、よって貴職らの求めには理由がありません。

したがって貴意には沿いかねますので予めご諒承下さい。


私は、十二月十四日の午前三時五四分、佃さんに返信のメールを送りました。


昨日は、大変貴重なご説明と助言をいただき、ありがとうございました。

今回のような法的係争は初めての経験で、知らないことが多くて不安に感じることも多かったのですが、昨日佃先生のお話をうかがい、気持ちがだいぶ楽になりました。私は、人間として恥ずべきことはしていないと確信していますので、毅然とした態度でこの問題に向き合う所存です。

内容証明の文案を拝見しました。佃先生が最善と思われる形式でしたら、私は異存ありませんので、この内容で先方に送付してください。（略）

◆予想外だった「提訴の記者会見をしなかった竹田氏」

十二月十九日の午後一〇時三二分、佃さんからメールが届きました。

ご依頼の件につきましては、あとは先方から提訴が来るかどうかの様子見の状況ですが、仮に提訴された場合、先方はプレスリリースをするでしょうから、メディアがこちらにコメントを求めてくると思われます。提訴の報がいつくるか分かりませんので、コメントについては事前準備をしておいた方がよろしいかと存じます。（略）

確かに、竹田氏はテレビタレントとしての知名度も高く、私を提訴する際には記者会見などを開いて自らの正当性を主張し、メディアを利用した「情報戦」を仕掛けてくる可能性は低くないように思われました。

もし竹田氏が、私に対する提訴という自らの行いを「正当な法的対処」と考えているのであれば、自らの知名度を最大限に利用して、自分が圧倒的に優勢で正しい側だと世間の人々に信じさせるような「社会的構図」を作るだろうと予想できました。

それゆえ、私は、竹田氏側が提訴を宣言すれば即座に対抗コメントを出せるよう、文案を佃さんとメールで相談し、十二月二十日にはコメントの内容を確定しました。

第一章の最後に記した、二〇二〇年一月二十一日付のコメントがそれです。

ところが、意外なことに、竹田氏は私に対する名誉毀損裁判を起こした事実を広く社会に知らしめるための「記者会見」も「プレスリリース（メディア向け発表）」も、まったく行いませんでした。

彼は、自分のファンが読むツイッターと、自分のYouTube動画チャンネル、そして安倍晋三首相（当時）の支持者が多く出演する「虎ノ門ニュース」というネット番組で、提訴の事実を告知しただけでした。

この奇妙な展開を見て、私は「竹田氏は、実は自分の起こした裁判を社会に広く知られることを恐れているのでは？」と感じました。

もし裁判が日本全国で社会的関心を集めることになれば、私が件のツイートで引用した四つのツイートを含め、彼がこれまでにツイッターやネット動画などで社会に発信してきた「差別的言説」に光が当たることになります。

竹田氏のファンは、最初から「その種の言説」に何らかの魅力を感じて彼を支持するのかもしれませんが、新聞やテレビのワイドショーで扱われるような記者会見を行えば、差別的な言動に嫌悪感を抱く多くの市民は、竹田氏によくない印象を抱くことになるかもしれません。

竹田氏は、そんな展開になることを、内心で恐れているのかもしれない。

この時点では、漠然とした印象でしたが、やがて裁判が進むにつれて、私のこの疑念は次第に確信へと変わっていくことになります。

第三章 日本社会に根強くはびこる差別思想

なぜ日本社会はこれほど「差別」に甘いのか

◆裁判開始の直前に私が投稿した「差別」を批判するツイート

竹田氏が訴訟予告的なツイートを投稿した二〇一九年十一月十六日から、実際に訴訟関係の書類が届くまでの間に、私は「差別」に関連する自分の考えを述べたツイートをいくつか投稿していました。

例えば、同年十一月十八日には以下の四つのツイートを投稿しました。

> 今までの日本では、笑いながら差別的言動を繰り返す人間の「差別的言動」を問題視して止めさせる方策が極端に限られてきた。監視カメラの前だけ迂回するように、過去の判例に該当する部分だけ避けて残りで実質的な差別的言動

を繰り返しても責任を追及されない。今後もこのままでいいわけがないだろう。

（午後五時五八分）

関東大震災後の朝鮮人虐殺も、事実に基づかないデマを信じて殺害に加担する日本人が多かった背景には、震災前に少しずつ堆積していた朝鮮人への差別的感情が存在した。少しずつそれが堆積している段階では、それがやがて市民による市民の大量殺害という大事件を引き起こすとは誰も想像していなかった。

（午後五時五九分）

戦争や紛争の中で行われる市民の大量虐殺でも、民族や宗教を理由とする差別的感情は、直接の大義名分とされたり実行者の心理的障壁を下げる役割を果たした。差別と憎悪の言葉でルワンダの大虐殺を扇動した「千の丘ラジオ」も、最初は若者向けの娯楽放送で、差別的内容はその中で少しずつ増えていった。

（午後六時一分）

物事を法律や規則などの形式「だけ」で考える人は、過去の判例で「差別」と認定された事例以外は「シロ」だと単純に理解しているかもしれないが、差別的要素がない本当の「シロ」と「クロ」の間には、「ソフト差別」とでも呼べるようなグレーのグラデーションが存在する。それも社会的には害悪だろう。
（午後六時三分）

また、十一月二十二日には、以下の二つを投稿しました。

差別主義者を「差別主義者」と明言して批判する行為に、訴訟リスクが伴うかのような「誇張された脅威」を振りまわして、差別的言動への批判を封殺しようとする人間が一部にいるが、そんな脅しに萎縮してはならない。特に教育行政との関わりは徹底的に批判しないといけない。
（午後五時四五分）

（続き）中には「名誉毀損は、批判の内容が事実であっても成立するのでは？」

と心配する人もいるかもしれないが、差別主義者を「差別主義者」と明言して訴訟を起こされ「原告が差別主義者であることは事実と認められるが名誉毀損には該当」という判決が出た時、大きなダメージを食らうのは誰だろうか。

（午後五時四六分）

◆差別の言動や思想を正面から批判しない日本社会の風潮

差別はよくない。

あなたは差別についてどう思うか？　と問われたら、誰でもこう答えるでしょう。

ふだんの生活で、意識的に「差別をしようと思ってしている人」は、一部には存在するとしても、日本国民全体の中では多数派ではないだろうと思います。

にもかかわらず、日本の社会は差別に甘い。私は、最近ますますそう感じています。

日本には、封建時代から現在に至るまで、さまざまな差別の思想が存在してきました。身分差別、性差別、人種や民族、国籍にまつわる差別。学歴や職業にまつわる差別。特定の病気や先天性疾患にまつわる差別など、事例を挙げればきりがありません。

その中でも、この一〇年ほどの日本社会でエスカレートしていると感じるのは、女性や性的マイノリティへの差別と、人種や民族、国籍にまつわる差別です。

先に紹介した「kotoba」のインタビューで述べた通り、私は竹田氏を含む「二〇一二年に第二次政権をスタートさせた安倍首相（当時）の支持者グループ」も、そんな差別の思想を最近の日本社会に広めた人々であると認識しています。けれども、社会全体が差別的な言動や思想に対して批判的で、それを許容しないという毅然とした風潮が存在するなら、これほどまでに差別が「カジュアル」になることはなかったでしょう。

特に気になるのは、日本企業の差別に対する「寛容さ」です。差別の問題で積極的に批判的姿勢を見せる欧米の企業と比較して、日本の企業は、国際的な知名度を誇る有名企業であっても、明確な形で差別に反対するという批判的態度をとろうとしません。

それを明瞭に浮き彫りにしたのが、二〇二〇年にテニス界のスターである大坂なおみ選手がとった「人種差別反対」行動への、内外のスポンサー企業の反応でした。

当時、アメリカ国内では黒人市民が白人警官などによって殺害される事件の続発に対する怒りから「ブラック・ライブズ・マター（BLM：黒人の命は大切）」と呼ばれる運動が高まり、ハイチ系アメリカ人の父と日本人の母の間に生まれて自らも人種差別の言葉を浴びせられた経験を持つ大坂なおみ選手も、同年五月からBLM運動への賛同と差別反対のメッセージをSNSに繰り返し投稿していました。

そして、八月二十七日には新たな黒人市民殺害事件への抗議として、出場していた大会（ウエスタン・アンド・サザン・オープン）の準決勝を棄権し（のちに撤回）、八月三十一日に始まった全米オープンの女子シングルスでは、一回戦から決勝戦までの計七試合で、一試合ごとに「差別的思想による憎悪犯罪（ヘイトクライム）の犠牲となった黒人市民の名」が入った黒いマスクを付けて入場し、すべての試合に勝利して、見事な優勝を飾りました。

これらの行動に対し、彼女のスポンサーであるナイキやマスターカードなどの外国企業は、差別反対に賛同するメッセージを公表しました。マスターカードは、同年六月二十五日に「連帯：人種差別に立ち向かい、全ての人への平等な機会を促進する」というBLM運動に寄せた共感と応援のメッセージを、CEOと社長の名前で発信していました。

しかし、彼女のスポンサーである日本企業のほとんどは、冷淡な態度でした。

◆大坂なおみ選手の人種差別への抗議と国内スポンサー企業の冷淡さ

二〇二〇年十月一日、ネット媒体「ハフィントンポスト日本版」は、「大坂なおみが語った『スポンサー企業失う恐怖』 企業側はどう答えた？ 【14社調査】」と題した記事を公開しました。大坂なおみ選手の全米オープン優勝と、そこで彼女がとった人種差別反対の行動についての見解を、彼女のスポンサー企業一四社に質問し、回答のあった七社の見解を紹介していました。

優勝については、すべての企業が称賛のコメントを寄せましたが、人種差別反対という行動を称賛したのは、日本企業ではテニス用品メーカーのヨネックス一社だけでした。

自社製品を宣伝するテレビコマーシャルや各種の広告に大坂なおみ選手を起用している日清食品は、「人種差別や暴力に抗議するメッセージの発信や内容について」という質問に、次のように回答しました。

> 大坂なおみ選手個人の言動に関しましては、コメントする立場にございませんので、コメントは差し控えさせていただきます。

全米オープンなどスポーツ中継を行うＷＯＷＯＷは、同じ質問にこう回答しました。

あくまでも弊社はテニスを放送している媒体なので、見解は特にございません。

国際線の旅客便を飛ばしているＡＮＡも、同じ質問への答えはこうでした。

弊社としては、引き続き大坂選手を応援していくとともに、世界中で活躍できる環境づくりをサポートしてまいります。

どうですか？　マスターカードが発信した「人種差別反対と平等の促進」という、ごくシンプルなメッセージすら、日本の大企業は出すことを怖れているかのようです。

毎日新聞も、二〇二〇年九月十一日付（ネット版）で「大坂なおみの人種差別抗議に国内外で温度差　スポンサーの微妙な事情」という記事を公開しました。そこで紹介されている日本国内のスポンサー企業関係者の言葉は、次のようなものでした。

黒人代表としてリーダーシップをとって、人間的にも素晴らしい行為だとは思うが、それで企業のブランド価値が上がるかといえば別問題。特に影響があるわけではないが、手放しでは喜べない

人種差別の問題と本業のテニスを一緒にするのは違うのでは

一方、同じ記事で紹介されている米国企業のコメントは、その正反対でした。

米国内では（人種差別に抗議するか）どちらのスタンスに立つのか発信しない方がリスクが高い。何も言わなければ『人種差別を容認している』ととられることもある

差別思想を結束の「かすがい」とする強固で脆弱な社会

◆差別反対の「道義的価値」より差別容認の「金銭的利益」

互いに示し合わせているわけでもないのに、差別への抗議という行動をどう評価するかを問われて、名の知れた日本の大企業が足並みを揃えて明確な回答を示せない、賛同するか否かも言えない、というのは、不可解で薄気味悪い光景です。

しかし少なくとも一つ確かなのは、多くの日本企業は差別という重要な社会問題について「なくすために率先して動くつもりがない」という悲しい事実です。

それは恐らく、差別への反対を会社の方針として打ち出せば、「差別反対に反対」つまり差別の言動や思想を今後も持ち続けたい「一定数の日本人」からの反発を招き、商品の売り上げに影響するかもしれない、という漠然とした懸念によるものでしょう。

実際、大坂なおみ選手が人種差別に反対するアクションを始めると、日本国内のＳＮＳでは彼女の行動を批判あるいは誹謗するバッシングが起こり、心ない罵詈雑言が彼女のアカウントに直接投げつけられたりしました。

各種のマーケティング調査を通じて、日本国内の「市場」を研究した各企業は、差別の問題では「態度を明らかにしない」、つまり明確な反対の姿勢を示さないことが得策だと学んだのかもしれません。しかし、視点を日本国内から国際社会に広げて状況を俯瞰すれば、こうした日本企業の態度は、時代の趨勢から取り残されているようにも見えます。

差別などの人権侵害問題についての日本企業の意識の低さは、以前から指摘されてきました。例えば、南アフリカでは一九九〇年代初頭まで、支配層の白人が被支配層の黒人を差別する人種隔離政策（アパルトヘイト）がとられていましたが、この時にも一九七〇年代から八〇年代にかけて、欧米企業と日本企業の行動の違いが目立っていました。

当時、イギリスやアメリカでは、市民レベルでのアパルトヘイト反対運動が活発に繰り広げられ、南アフリカ政府と良好な関係を築いてビジネスを行っていた大手銀行や石油会社、メーカーなどが、反対派の不買運動（ボイコット）の標的となりました。差別への加担と見なされて、収益と企業イメージの両面で痛手を被った各社は、世界全体での長期的利益を考慮した結果、最終的に南アフリカからの事業撤退を決断しました。

しかし、日本国内では大企業を動かすほどのアパルトヘイト反対運動は盛り上がらず、政府も各業界の利益に配慮して、南アフリカへの経済制裁を手加減する姿勢をとり続けました。その結果、アメリカで反アパルトヘイト法が成立し、同国の大企業の多くが南アフリカとの取引を停止した一九八七年、日本は遂に、南アフリカにとって第一位の貿易相手国となり、アパルトヘイト政策の延命に力を貸す役割を果たすことになりました。

いま五〇代以上の方ならご記憶かと思いますが、当時の南アフリカでは、黄色人種の日本人は「名誉白人」と呼ばれ、人種差別に間接的に加担してビジネスを行っていました。

◈日本の社会は、なぜこれほど差別に寛容なのか

一九八七年から数えて三六年が経ちましたが、日本社会は差別という人権侵害との向き合い方について、どれだけ意識の上で進歩したでしょうか。

アメリカやヨーロッパ、そのほか人権が尊重される国では、差別的な言説を口にしたり差別的な思想を披露した人間は、議員などの公人の資格を失ったり、テレビなどのメディアか

ら排除されます。しかし日本では、国会議員やテレビタレントが差別的な言説を口にしても地位を失うことなく、そのまま議員やタレントとして活躍できます。

日本の社会は、なぜこれほど差別に寛容なんでしょうか?

人が差別という思考に引き込まれる理由は、いくつも考えられます。

自分が「差別する側の多数派」で、差別の構図によって利益を得る立場だと認識する人の中には、差別を解消するよりも維持した方が「自分の得になる」と考えて、差別的な思考を共有する集団に加わり、差別的な言説を社会に流す人もいるでしょう。

また、自分が置かれている境遇に不満や屈辱感を抱いて健全な自尊心を抱けず、やり場のない鬱憤を溜めている人の中には、そのはけ口を「誰かを差別すること」に求め、差別的な悪口を書いたり言ったりすることで、崩れそうな自尊心を保とうとする人もいるでしょう。

そして、世の中にはそんな「差別に意味を見出す人」を、自分の政治活動や商業活動に利用しようとする「差別で利益を得る人間」も存在しています。

政権与党の国会議員という公的な立場にある人間が、自分の支持者を増やすために「差別に意味を見出す人」を味方につけ、差別的な暴論に「お墨付き」を与える。あるいは、そんな政治家と親しい関係にある作家が、差別的な暴論を並べた本を書いて売る。

これらの人間は、自分が「差別主義者」つまり自覚的に差別的な行動を繰り返し行う人間であるのと同時に、社会に差別主義者を増やすことを、自分の利益に繋がると理解しています。それゆえ、彼ら彼女らは、カジュアルな差別意識を社会に広めようとします。

最近の日本で、韓国人や在日コリアンが主な差別の標的になっているのは、こうした政治的利益や商業的利益の追求と、重層的に結びついているように見えます。

古来、強権的な支配を目論む政治家は、自国の少数者（マイノリティ）や近隣国に対する自国の多数派（マジョリティ）の猜疑心や敵意を煽り、「あいつらのせいで国の富が不当に奪われている」などの、ありもしない「被害」を声高に叫んで被害者意識を広め、差別を社会の構造に組み込んで、権力基盤を盤石にする手法をしばしば取りました。

私は、当時の安倍首相や自民党政権への支持を公然と表明（二〇一九年四月十三日には百田尚樹氏らと共に、安倍首相主催の「桜を見る会」に招待されて安倍氏と言葉を交わす）した竹田氏が、SNSやネット動画、著書、テレビ出演を通じて社会に発信してきた、韓国人や在日コリアンへの猜疑心や敵意を煽るような差別的言説（第五章と第八章でその一部を紹介します）にも、政治的・商業的利益の追求という側面があるように感じました。

それゆえ、まだ倫理観や社会的意識が発育途上の中高生向けの講演イベントを、教育委員

会が主催する形で竹田氏に行わせると知った時、そんな公的行事を行うのは間違っていると
の強い確信から、この裁判の発端となった三連ツイートを投稿しました。
本来差別をなくす教育を推進すべき立場の教育委員会が、過去に数々の差別的言説を社会
に発信してきた人間を「中高生向けの講演」で演台に立たせれば、教育委員会がそれらの差
別的言説に「お墨付き」を与える効果が生じかねないと考えたからです。

◈韓国人／在日コリアンへの差別的言説を放置することの危険性

二〇二一年八月三十日、京都府宇治市の「ウトロ地区」と呼ばれる地域で放火事件が起き、
同地の在日朝鮮人の歴史に関連する多数の史料が焼失しました。同年十二月六日、京都府警
は二二歳の男を容疑者として逮捕しました。
ネット媒体「バズフィード」は、接見や手紙で容疑者に取材し、二〇二二年四月十五日に『ヤ
フコメ民をヒートアップさせたかった』在日コリアンを狙った22歳。ウトロ放火事件〝ヘイ
トクライム〟の動機とは」と題する記事を公開しました。
ここで言う「ヤフコメ民」とは、ネット媒体「Yahoo! ニュース」の記事に付随する「コメント」

欄に投稿・閲覧する人々を指す言葉ですが、同欄は以前から、民族差別や誹謗中傷の投稿が大量になされていることで問題となっていました。

容疑者は、在日コリアンが日本国内で「特別待遇」を受けているというデマ情報を鵜呑みにして敵意を募らせ、過去にも何度か在日朝鮮人の施設に危害を加える行動をとっていました。そして、犯行の動機について、バズフィードの取材に「情報はヤフコメから得ていた」「日本のヤフコメ民に（在日コリアンへの敵意を）ヒートアップした言動を取らせることで、問題をより深く浮き彫りにさせる目的もありました」と述べました。

ウトロ放火事件が発生したのは、私と竹田氏の裁判が始まってから一年以上が経過し、私側の全面勝訴という控訴審判決が出た日の六日後でしたが、発端となった私のツイートに添付した四つの竹田氏のツイートに象徴されるような、韓国／コリアンに対する差別的言説を日本の社会が放置していれば、いずれこうした事件（ヘイトクライム）が発生するだろうと心配していました。

特定の民族や国籍を名指しする形でなされる、差別や偏見の心理を煽る言説が、その標的とされた対象への理不尽な憎悪をつのらせる「燃料」となり、それがエスカレートして暴力や大量虐殺にまで発展した歴史的な事例を、私はいくつも知っていたからです。

二〇二〇年二月二十八日、佃弁護士は、訴状の各項目に対する認否と反証を詳細に述べた

「被告第1準備書面」を東京地方裁判所に提出しました。その中で、訴状にある「当事者（2）被告」つまり私の経歴説明に、次のような文言を入れていただきました。

補足説明　被告の活動は戦史・紛争史の研究に止まらない。

被告は、過去の紛争や戦争において、人種差別や民族差別が罪のない市民の大量虐殺につながったことから、歴史研究者は差別の問題に敏感であらねばならないとの考えを持っており、かかる信念に基づき、差別と虐殺の問題にも積極的に取り組み、旺盛に講演活動や執筆をしてきている。

その中の1つとして、1990年代に起きたルワンダ内戦に関する原稿「死者100万！　――狂気のジェノサイドはなぜ起きたのか？　ルワンダ内戦」を証拠提出する（乙1）。ルワンダで乙1の大虐殺の火種となったのは、ラジオの娯楽番組を通じて人々に流布された、特定民族に対する差別と偏見、憎悪を煽る〝ヘイトスピーチ〟であった。ルワンダの事件は、差別的な言葉の社会への蔓延が人々の倫理観を少しずつ麻痺させ、最終的には暴力や殺人へと発展することを示す、恐ろしい悲劇の実例である。（略）

第四章

一〇〇〇万円以上も集まった裁判支援の寄付金

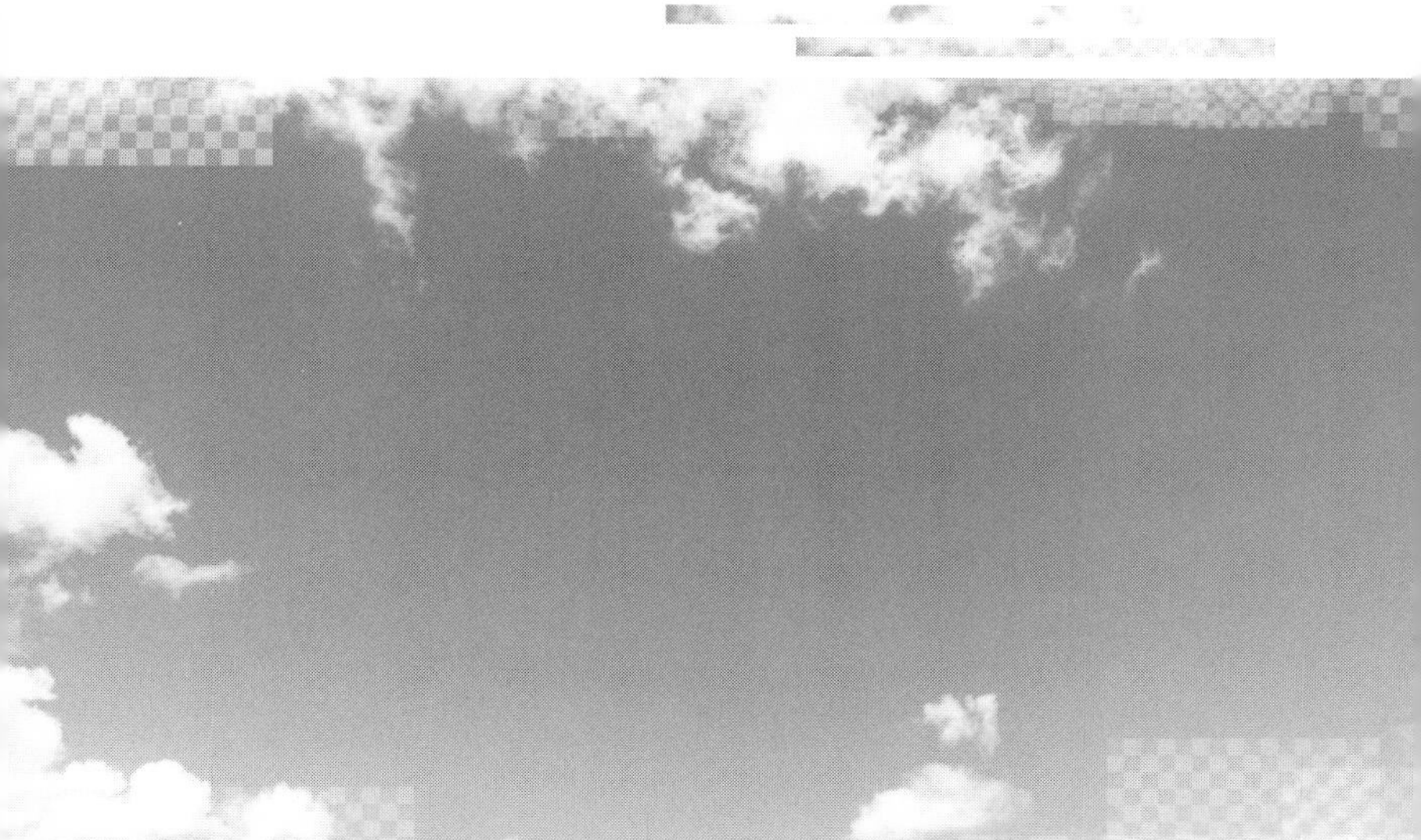

山崎雅弘の「裁判を支援する会」の立ち上げ

◆内田樹さんにも「訴訟の脅し」をかけ始めた竹田恒泰氏

佃弁護士が「被告第1準備書面」を東京地方裁判所に提出してから約一か月後の二〇二〇年三月二十二日午後一〇時五七分、竹田氏はツイッターで、内田さんに宛てて次のような「訴訟の脅し」と受け取れる文言を投稿しました。

> 内田樹殿　山崎雅弘氏を相手にした名誉毀損裁判が終わりましたら、貴殿も提訴しますので、少々お待ち下さい。貴殿をはじめ、名誉毀損ツイートをリツイートした方への訴訟はまとめて行う予定です。

第二章の冒頭で触れた通り、竹田氏は同氏に関する私の投稿をリツイートした著名人数人に「リツイートを解除しなければ貴方も名誉毀損訴訟の対象にする」と示唆するツイートを送っており、内田さん以外の著名人は、それに応じて解除していました。

竹田氏は内田さんに対しても、私がメッセージで「ツイート解除」をお願いする前日の二〇一九年十一月十六日午後七時二一分に、「内田樹殿　貴殿がリツイートした山崎雅弘氏のツイートは、私に対する名誉毀損を含んでいます。名誉毀損のツイートをリツイートして損害賠償を認定した判決があったことはご承知の通りです」として、リツイートの解除を求める内容のツイートを投稿していました。

しかし、内田さんはただ一人、竹田氏の「訴訟のほのめかし」を無視してリツイートの解除に応じなかったので、竹田氏はそれが気に入らなかったのか、あからさまな「訴訟の脅し」をかけ始めた様子でした。

その内田さんは、竹田氏からの「訴訟の脅し」を一貫して無視され、東京地裁での裁判が始まると、私の裁判費用を支援するための「会」の設立と寄付金集めのシステム作りに着手してくださいました。

◆透明性を確保できる寄付金集めのシステム構築

二〇二〇年二月七日午後〇時一九分にいただいたメールで、内田さんは支援の枠組みとしての「会」の設立と、寄付金の目標金額および目標日時の設定、定額で寄付を募る際の金額の種類、寄付の振込先口座について、私に質問されました。

フィリピンへの取材旅行から二月七日の夜に帰宅した私は、二月八日の午後一〇時四〇分にメールで内田さんに返信しました。その中で、私は四つ目の振込先について、私個人の口座にはしない方がよいと考えて、次のように自分の考えを述べました。

（４）振り込み先の口座ですが、これは一般に公開されるのでしょうか？とりあえず入金記録を一覧できるようにするには、新しい口座を作るのがよいかと思っています。

以上の４点に加えて、募集者の主体を明確にする必要があるように思います（私個人なのか、別のどなたかなのか）。また、集めたお金が適正に（つまり裁判費用としてのみ）使われているかを、私以外のどなたかにチェックしていただく必要があると思います。これは、お手間でなければ内田さんにお願いして、定期的に通帳をご確認いただき、私的に流用していないことを確認していただく形にしてはどうかと思います。

今から思えば、公私ともにご多忙な内田さんに、裁判費用の寄付金の管理をお願いするのは厚かましい態度だったかと考えますが、内田さんは快諾してくださり、寄付金の振込先の口座を作っていただくことに決まりました。そして、内田さんの「ＩＴ秘書」をされている井手敬太さん・こずえさんのご夫妻が、私の「裁判を支援する会」のウェブサイトと寄付金集めのシステムを作成してくださることになりました。

最初、井手さんご夫妻はネットを利用して募金を集める「クラウドファンディング」の事業者をいくつか調べてくださいました。しかし、裁判費用集めという用途では「受け付けられない」という事業者が多く、最終的には内田さんが銀行口座を新たに開設し、そこに寄付金を送金していただくという、シンプルな形式に落ち着きました。

◆裁判の始まりと共に増大した精神的ストレス

竹田氏に提訴されて、人生で初めて「裁判の被告」となった私は、弁護士の佃さんと相談しながら、自分がなすべきことを確かめ、原稿執筆の仕事と並行して裁判のための調査や論点整理などを行う生活をスタートしました。

これは、事前に想像していたよりも大きな精神的ストレスを感じた日々でした。

裁判とは「法廷闘争」とも呼ばれる緊迫した戦いであり、勝つためには油断は禁物だという原理は承知していましたが、その「法廷闘争」の戦場がどんなものか、左右の広がりや奥行きがどれほどあるのか、私には皆目見当がつかなかったからです。

オリバー・ストーン監督の映画「プラトーン」で、チャーリー・シーンが演じる主人公の新兵が、輸送機でベトナムの戦場に送られたあと右も左もわからない環境で戸惑い、ベテランの軍曹にあれこれ教えてもらい、やがて適応していく姿が描かれていました。

裁判が始まった当初の私も、あの新兵と同じような心境で、どこから「敵」の弾が飛んでくるのか、どこに地雷が埋まっているのかがわからない不安に直面しました。

朝目が覚めても、まず頭に浮かぶのは裁判のことで、執筆の仕事をしていても「もし寄付金が集まらなかったらどうしよう」とか「常に公正な判決が下される保証はない」などと、ネガティブな可能性が脳裏をかすめるので、ふだんのように集中力を持続できません。

そのうち、明確な形で身体的な不調も現れるようになりました。

二〇二〇年三月十一日午後三時五六分、私は内田さんにこんなメールを送信しました。


こんにちは。竹田の裁判と国内政情のさらなる悪化、楽しみにしていたイタリア旅行の中止などでストレスが限界を超えたのか、この4年ほど鎮静化していた慢性副鼻腔炎が再発してしまいました。

頭痛が酷いときは、頭を抱えてしゃがみ込む以外、何もできなくなります。きのう耳鼻科に行って薬を出してもらい、少しましになりましたが、身体は正直ですね。

内田さんのご著書を何冊も拝読するうち、前はさほど気に留めていなかった「身体的」や「身体性」という概念に、注意を向けるようになりました。


内田さんは、すぐに労りの返信をくださり、三月十九日の午後一時四分には、「支援する会」

のサイトに掲載する「呼びかけ文」のテキストを作成してくださいました。

この呼びかけ文（本書の巻末に収録、四月一日に「支援する会」のサイトで公開）を読んだ私は、同日の午後四時七分にお礼のメールを内田さんに送信しました。

とても丁寧に背景も含めて説明していただき、ありがとうございます。

また、恫喝による言論萎縮効果や、スラップ訴訟の社会的弊害についても、被告である私はストレートに書けないことなので、このような形で指摘していただいたことで、この裁判が持つ社会的な意味も広がるのではないかと思います。

今の私には、今回内田さんが書いて下さった呼びかけ文の内容が、一番大きな心の支えになります。深く感謝いたします。

法廷での「闘い」の始まりとネット動画の書き起こし作業

◆裁判費用の募金開始から二週間で一〇〇〇万円を突破

三月十九日、内田さんがご友人に「山崎雅弘さんの裁判を支援する会」の「共同呼びかけ人」になってくださる方を募集するメールを送信されました。

その内容に応えてすぐに何人かの方が参加を表明され、三月二十三日の午前零時までに五九人の方が「共同呼びかけ人」になってくださいました。

この事実を内田さんからのメールで知って感激した私は、三月二十三日の午後七時一二分、内田さんと井手さんご夫妻に、次の一文を含むメールを送信しました。

> 私はこんなに多くの方が、この裁判に関する状況を見渡した上で、私に味

方する側に立って下さったことを大変ありがたく、また心強く思っています。自分なりの道理や良識を重んじて行動することが、決して「損」なことではないという事例になると信じていますし、そうなるよう努力いたします。

そして、内田さんは三月二十六日に、私の裁判費用の募金を開始することを公表されましたが、この時点では「目標金額は一〇〇万円」と想定していました。どのくらいのお金が集まるかについては、あまり楽観せず、一〇〇万円も寄付をいただければありがたいと思い、足りない分は何らかの方法で用立てようと考えていました。

ところが、ここで予想もしなかった展開になります。

内田さんと私の想定をはるかに上回る金額の寄付が、数日のうちに寄せられたのです。三日後の三月二十九日には、約四〇〇人の方々が送金してくださった金額は四六〇万円に達し、三月三十日には六〇〇万円を突破しました。私は、三月二十九日の午後一時五七分に次のようなメールを内田さんに送信しました。

こんにちは。メール拝見しました。三日で460万円とは、本当にすごい金額です。しかも、これから現金が必要となる社会情勢の中で、この裁判の行方を案じて寄付して下さった方々が四百人近くおられるというのは、本当に頭が下がる思いです。

集まったお金の用途ですが、とりあえず「原則として弁護士費用のみに充てる」「弁護士費用は、私を介せず、弁護士の口座に直接入金していただく」というのが、一番クリアな出納処理の形では、と思います。その上で、何か事実関係の調査等で追加の大きな出費が必要になった時に、明細を提示して、随時ご支援していただく、という形にすれば、私も不安なく今後の裁判に取り組むことができます。

三月三十一日の午後五時八分、内田さんからのメールが届きました。

通帳記帳に行ってきました。いつまで経っても印字が終わらず、通帳は繰越になり、後ろで待っている人たちが「いったい何日ぶりに記帳に来たんじゃこら」的なイガイガ光線を発していましたが、昨日来たばかりなんですよ！

一日で170万円の入金がありました。総計で、募金者延べ779名、募金総額は7，837，395円となりました。（略）

四月八日、寄付者の累計が一〇五〇人となり、寄付金の総額がついに一〇〇〇万円を超えて、一〇二八万五四円となりました。四月十八日には、一一一一万三四八六円という金額を内田さんから伝えられましたが、それはもう私の金銭感覚を超越した額でした。

◆弁護方針の柱となった「公正な論評の法理」

二〇二〇年四月十五日、佃弁護士は、訴状の各項目に対する認否と反証を詳細に述べた「被告第2準備書面」を、東京地方裁判所に提出されました。

その中に、次のような文面がありました。

第一　公正な論評の法理

ある事実を基礎としての意見ないし論評の表明による名誉毀損にあっては、その行為が公共の利害に関する事実に係り、かつ、その目的が専ら公益を図ることにあった場合に、右意見ないし論評の前提としている事実が重要な部分について真実であることの証明があったときには、人身攻撃に及ぶなど意見ないし論評としての域を逸脱したものでない限り、右行為は違法性を欠き、また、仮に右意見ないし論評の前提としている事実が真実であることの証明がないときにも、行為者において右事実を真実と信ずるについて相当の理由があれば、この故意又は過失は否定される

（最3小判1997（平成9）年9月9日・民集51巻8号3804頁）。

私がツイッターに投稿した内容は、この判決で示された「公共の利害に関する事実に係り、かつ、その目的が専ら公益を図ることにあった場合」に該当する、というのが、今回の裁判における佃さんの基本的な弁護方針でした。

六月十二日、東京地方裁判所で「第二回期日」が行われ、佃弁護士より、訴状の各項目に対する認否と反証を詳細に述べた「被告第2準備書面」の陳述と、関連する証拠の提出が行なわれました。

この「被告第2準備書面」では、竹田氏側の弁護士が名誉毀損だと主張している私のツイート五件について、それぞれ「抗弁の対象」、「論評の公共性」、「目的の公益性」、「前提事実の真実性・真実相当性」、「論評の域を逸脱していないこと」の五つの観点からていねいに論証し、竹田氏自身の著述や発言を大量に引用して根拠として明示しつつ、私のツイートがいずれも「いわゆる〝公正な論評〟であって名誉毀損の不法行為は成立しない」との反論もなされました。

◈中止された竹田氏の講演動画の書き起こし作業

東京地裁での裁判が始まった当初、私は法廷闘争という「戦場」で自分のすべきことがよくわからず、最初は「前線」で戦う佃弁護士に、竹田氏が過去に行った差別的言動の詳細なリストを提供するなど、いわば「後方」での支援活動のような感覚で、裁判に臨む態度をとっていました。

しかし、別の弁護士や裁判経験者などの友人知人から「依頼人の熱意が弁護士のエネルギーになる」というアドバイスを受け、自分も裁判の当事者として「前線に近い場所」にいる必要があると感じ、本腰を入れて裁判関係の作業に時間を割くようになりました。

二〇二〇年四月一日の午後三時四六分、佃さんから次のようなメールが届きました。

> 3月24日のメールでもお伝えしましたが、竹田氏の講演「日本はなぜ世界でいちばん人気があるのか」をニコ生で流しているそうですので、以下の通り証拠の確保をしていただけますか？
> 1　講演をＤＶＤ等の媒体に収録する。
> 2　1で収録した講演を全文反訳する（反訳業者に出せば、2時間の講演でおそらく数万円だと思います）。
> 日程的な目処としては、今月いっぱいというところでいかがでしょうか？

反訳とは、録音した音声の「書き起こし」のことで、裁判費用の寄付が予想外に集まった状況を考えれば、専門の業者に外注するという選択肢もありました。

けれども、私はこの時間と手間がかかる作業を、自分でやることにしました。私はかつて編集者として会社勤めをしていた時に、営業部の同僚から渡された企業経営者へのインタビュー録音の「テープ起こし（録音テープの内容書き起こし）」もたびたび経験しました。その作業を通じて、個々の発言の微妙なニュアンスが、直接その音声を聴いて書き起こす人間の知識やセンスで変わったり、一部を省略されたりすることを私は知っていました。なので、大事な証拠となる竹田氏の講演動画の書き起こしは、私が細心の注意を払いながら自分でやる必要があると思いました。

この「日本はなぜ世界でいちばん人気があるのか」という竹田氏の講演動画は、第一章で触れたような経緯で中止された朝日町での講演を、竹田氏が自身のネット動画チャンネルで当初の予定と同日同時刻（二〇一九年十一月十三日）に行ったものでした。同年十一月二十一日に、前編と後編の二回に分割する形で公開され、前編は一時間四分三秒、後編は一時間十一分五九秒と、全部で映画一本分に相当する長い動画コンテンツでした。

竹田氏は動画の冒頭で、「これから行う講演の内容は、朝日町で行う予定だった講演のそれと同じである」と、はっきり明言していました。

私は、メールの返信で「自分で反訳します」と佃さんに伝え、四月二十四日に前編、四月三十日に後編の反訳テキストを、佃さんに送信しました。また、竹田氏は二〇一四年四月七日にやはり自身の動画チャンネルで「笑えるほどたちが悪い韓国の話」という番組を生放送しており、その内容も計七本に分割する形で公開されているので、それについても内容を反訳する作業を行いました。

私はこれらの作業において、ただ竹田氏の発言を文字に起こすだけでなく、語っている内容の「ファクトチェック（事実か否かの確認作業）」も行ったので、結構な時間と労力がかかりました。また、語られる内容には、日本人以外を見下すような、私から見て「いやらしい差別的表現」も多く、笑い混じりに語られるそれらの文言を丁寧に聴いて、忠実に書き起こす作業に伴う精神的なストレスも、耐えがたいほどのレベルでした。

しかし、第五章で詳しく紹介しますが、この作業を自分でやったことで、私は大きな収穫を得ることができました。後編のテキストと共に、四月三十日の午後四時三十分に佃さんへ送信したメールで、私は以下のような感想を伝えました。

竹田の講演「日本はなぜ世界でいちばん人気があるのか」後編の書き起こ

しテキストをお送りします。今回もファクトチェックを行い、大量の差別思想と事実歪曲の虚言が見つかっていますが、日本史に関する内容確認を、面識のある日本史研究者の方に相談しており、その返事を待って「問題点の指摘」ファイルを別途お送りします。

講演における竹田の事実歪曲は、相当に酷いものです。例えば、竹田は欧米諸国が「戦争で民間人を殺すのはやめよう」と国際法を作ったが、第一次世界大戦でも第二次世界大戦でも「誰も守らなかった」し、東京を焼き払い、広島と長崎に原爆を投下して大勢の民間人を殺した、と前置きした上で、「じゃあ日本はどうか」と話を続けます。

「原爆とか出てくるとややこしくなるので、西南戦争までの例で見ていきましょうか」と、いきなり勝手に日本だけ期間を限定して「日本軍が最も多くの民間人を虐殺した第二次世界大戦」を対象から除外した上で、「日本の合戦では民間人の死者はゼロ」「関ヶ原の戦いはなぜ原っぱでやったのか、街中でやれば民間人を巻き込んでしまうから」「日本では公開処刑などもやってない」等、諸外国とは違って日本は戦争を「民間人を巻き込まず」「人道的にやっていた」などという歴史歪曲を展開します。

竹田はこれを、中学生高校生を相手とする講演で言おうとしていた（おそらく、過去に行われた講演では中学生高校生を相手に言っていた）わけです。本当に、看過しがたい思想汚染のレベルです。竹田は絶対に、教育委員会のような公的組織が後援して「教育的行事」の体裁で学生向けに語らせてはいけない人間だと、改めて思いました。

第五章

民族・国籍差別と表裏一体の「自国優越思想」

「これは差別ではない」という竹田氏の主張への反駁

◆人生で初めて経験する「裁判の陳述書」の執筆

民事の裁判は、あらかじめ告知される不特定回数の「期日」までに、双方の代理人弁護士が裁判所に「準備書面」と付属資料を提出する作業を繰り返すことで進行します。この「期日」は、裁判官が「結審」つまり弁論終了を言い渡すまで続けられます。

竹田氏が私を訴えた裁判の一審（東京地裁）では、二〇二〇年中に第一回（三月六日）から第五回（十二月十一日）までが行われ、二〇二一年二月五日の「第六回期日」にて、判決が言い渡されました（判決については第六章で後述）。

個々の「準備書面」については、非常に専門的な内容で、法律知識のない私が内容の良し悪しを判断することが難しいですが、これらの書面に加えて、原告と被告がそれぞれの立場で見解を述べる「陳述書」も、裁判官が判断を下す上での参考情報として活用されます。
竹田氏側の弁護士から届いた「準備書面」や竹田氏の「陳述書」を、普通に文章として読み込んだ私は、そこに少なからず「論点のすり替え」や「論旨の飛躍」、あるいは「表現の誇張」などのトリックが含まれていることに気づきました。
二〇二〇年六月四日の午前三時二四分に佃さんに送信したメールの中で、私は次のような言葉で、竹田氏側から送られてきた文書の感想を述べました。

それから、郵便で送っていただいた原告準備書面（1）と証拠説明書（2）を受け取りました。竹田の陳述書をざっと読みましたが、論点すり替えの屁理屈が多いなという印象です。中国人は「文化レベルの高い民族ではない」という言葉遣いが、論理的に「乱獲している中国漁船を非難する主旨」ではあり得ないこと（7頁）くらい、高校生なら見抜けるだろうと思います。

そして、竹田氏側が出してきた準備書面と陳述書に対抗するため、被告という立場の私は、人生で初めての経験となる「陳述書の執筆」という作業に着手しました。

編集者時代を別にすれば、私は二〇〇〇年十月の独立開業以来、二〇年にわたり文筆を生業としてきましたが、裁判の「陳述書」をどんな風に書けば裁判官にうまくアピールできるのかについては、この時点で明確な答えが見つからず、少し困惑していました。

そうこうするうちに、竹田氏側から大量の「準備書面」と「陳述書」が送られてきました。竹田氏側の弁護士による「準備書面」は、五月十九日付の（1）に始まり、八月十三日付で（2）と（3）、十二月七日付で（4）（5）（6）の三通、そして十二月八日付で（7）。竹田氏本人による「陳述書」は、一月十七日付一通と、五月二十九日付二通、八月十三日付四通、十二月七日付四通の計一一通が、二〇二〇年のうちに届きました。

このうち、八月十三日付の「準備書面」二通と「陳述書」四通は、ボリューム面でも厖大で、前者はA４サイズで計七九ページ、後者は同サイズで計二七〇ページ（添付資料込み）もありました。この六通を積み重ねて、厚さを計ってみると、三センチ四ミリありました。また、竹田氏が二〇二〇年中に裁判所へ提出した陳述書一一通すべてを積み重ねてみたら、その厚さは六センチに達しました。

これらに反論するために、私は全てのページに目を通す必要がありましたが、見た目のボリュームは圧倒的でも、そこに書かれている文章を論理的に読み込むと、中味は詭弁ばかりのように私には思えました。

煙幕のような言葉が並ぶ印象の竹田氏の陳述書を読破したあと、私が書く陳述書は「このようなものであってはいけない」と思いました。裁判官はおそらく、物事を論理的かつ簡潔に理解することを好むはずだと私は考えて、竹田氏の陳述書を反面教師と捉え、要点を論理的に絞り込んだ陳述書を書こうと決心しました。

八月二十四日の午後二時から、電話で佃さんと今後の方針について打ち合わせを行い、(1)裁判の発端となったツイートを投稿した時点で私が竹田氏の差別的な言説の数々を承知していた事実を訴えるもの(2)竹田氏から提出された陳述書の主張(こちら側が差別的と指摘した数多くの言説について「これは差別ではない」との弁明)に対し逐一の反論を行うもの(3)竹田氏が朝日町で行う予定と同じ内容だと認めてネットで公開した講演動画のファクトチェックとそれが「自国優越思想の植え付け」であることを論証するものの三通の陳述書を私が作成することになりました。

◆以前から竹田氏の差別的言動を問題視していたという主張

一通目の陳述書は、私が裁判の発端となったツイートを投稿した時点で、竹田氏が過去に行った数多くの差別的言説について把握していた事実を認める内容でした。

その中で、私は竹田氏が雑誌「ＷｉＬＬ」（ワック）の二〇一五年七月号で、慰安婦問題を「売春」に歪曲して朝鮮人女性を見下し（差別し）、当時の大日本帝国を擁護する論を著作やネットで展開していた事実（詳しくは第七章で後述）を指摘し、二〇一八年十一月七日午前五時四七分に竹田氏がツイッターで書いた同趣旨の投稿に私が反論のツイートを投稿した事実についても当該画像を添えて裁判官に訴えました。

また、第一章で触れた雑誌「kotoba」のインタビュー記事「差別や人権軽視はいつか自分に牙を剥く」の収録が、二〇一九年八月九日に東京の集英社ビルで行われ、校正ゲラの修正指示は同年十月四日（本件ツイート1～5を投稿するよりも前）にメールで同誌編集部に送信した事実を述べ、次のような言葉で陳述書を締めくくりました。

原告は、私がツイート時点で原告の著作を読んでいないという根拠不明な思い込みを述べていますが、もしそれが正しいなら、私がインタビューで上記のような内容を述べることは不可能です。原告が問題視する一連のツイートも、ここで述べた「差別反対」という問題意識に基づく行動でした。

二通目の陳述書は、竹田氏が八月十三日付の「陳述書」四通で延々と展開した「これこれの発言や記述は、何々という意図なので差別には当たらない」という自己弁護の文言に、逐一反論していく内容でした。

ただ、厖大な量の「竹田氏の言い訳」について、受け身の姿勢で一つずつ反論をしていたのでは、全体として「水掛け論」のような印象を裁判官に与える可能性があると思いました。相手と同じレベルで個別に反論するやり方とは違う、高い場所から全体像を一挙に見渡せるような、説得力のある論理展開ができないか。いろいろ考えた末、竹田氏の「これは差別ではないという言い訳」に共通するパターンを見出し、それを冒頭で最初に指摘しておくことで、個別の反論に強い説得力が生まれる構成にしようと決めました。

◆差別を「差別ではない」かのように見せるトリック

二通目の陳述書の冒頭部分で、私は次のような文言を記しました。

原告は、甲第14号証、甲第19号証、甲第21号証、甲第22号証の各陳述書において、被告第2準備書面と被告第3準備書面で原告による差別的文言と指摘された箇所について、それが「差別ではない」と自らを正当化する弁明を展開しています。

しかし、それらの弁明は、いずれも詭弁であると言わざるを得ません。

原告の個々の弁明については以下で順次反論しますが、各論に入る前に、原告が多用する「詭弁のパターン」をいくつか指摘しておきます。これらのパターンをあらかじめ認識して頂ければ、各論の説明をよりスムーズにご理解頂けると思うからです。

1　まず、原告が多用する「詭弁のパターン」の1つは、あるひとつの論の途中で、その対象を「ある国民や民族の中の一部」から「ある国民や民族全体」

にすり替える手法【パターン1】です。

例えば、論の始まりにおいては「韓国政府の特定の行動」に対する批判的見解【A】を述べておいて、それに続く説明の途中で、対象を「韓国人全体」にすり替えて「うそつき」「倫理観の欠如」などの差別的見解【B】を述べ、その後で再び対象を「韓国政府」に対する批判的見解【C】に戻して、真ん中部分で述べた差別的見解が、その前と後の批判的見解の一部であるかのように「偽装」するやり方です。

この手法は、後述するように、【A】→【B】→【C】ではなく、【A】→【B】または【B】→【A】の形で用いられることもあります。ある国民や民族全体に対する「差別的見解」を、正当な「批判的見解」でいわば「サンドイッチ」にすることで、差別的見解が「差別ではない」かのように見せかけ、あるいはそう強弁することで責任の回避を図っています。

2　また、被告側の主張内容を曲解し、実際には被告側が述べていないことを述べたかのように主張を改変した上で、その改変した主張に対して反論する、

という手法【パターン2】も、詭弁術の一例として指摘できます。（略）

こうした、実際には被告が述べていないことを述べたかのように主張を改変した上で、その改変した主張に対して反論するという手法は、論理学の世界では「わら人形（ストローマン）論法」と呼ばれ、詭弁術の一種として認識されています（添付資料3）。

そして、竹田氏の弁明一つ一つへの反論では、それが誤謬や論旨のすり替えなどの詭弁であることを論理的に証明した上で、それぞれの最後にこんな解説を付記しました。

これも、冒頭で指摘した【パターン1】の手法を用いて「韓国の新聞に現れる特定の政治問題」に対する批判的見解【A】をまず述べておいて、それに続く説明の途中で、対象を「韓国人全体」にすり替えて差別的見解【B】を述べていることが明らかです。

竹田氏が予定していた講演内容に満ちた「自国優越思想」

◆「日本人はスゴイ」は「日本以外の人は日本人より劣っている」という意味

二通目の陳述書では、竹田氏の弁明への反論を計二九項目にわたって行いました。
そのうちの一八番目は、次のような内容でした。

「民族まるごとモンスタークレイマー」

原告は、乙10号証で書いたこの言葉につき、「確かに、文面上は『民族』となっているが、章タイトルの主旨は、韓国人一般を批判するのではなく、主に韓国政府と韓国メディアを批判すること」であるから「民族ないし国籍に照らした偏見に基づく差別発言には該当しない」と主張しています（甲14の第16丁）。

しかし実際には、対象を特定の個人や組織に限定する文言は全くありません。もし原告の言うように、批判の対象が韓国政府と韓国メディアに限定されるのであれば、章タイトルは「韓国政府と韓国メディアはモンスタークレイマー」になっていないと話の辻褄が合いません。

実際には、原告が書いているのは「民族まるごとモンスタークレイマー」という、誰の目にも明らかな、誤読しようのない、韓国人に対する「民族的差別」の文言であり、原告が主張するような言い逃れが成立する余地はありません。

また、最後の二九番目は、このような指摘でした。

「被告第4準備書面（1）～（23）について」

原告はここで、2019（令和元）年11月13日にネット媒体「ニコニコ動画」の自身の動画チャンネルにおいて行った「竹田恒泰・特別講演『日本はなぜ世界でいちばん人気があるのか』」の内容につき、聴衆に対して「優越感を植え付けるのではなく、劣等感を排除するのが目的である」と主張しています（甲22の4頁）。

しかし、原告の講演内容が総じて「日本人であることの優越感」を聴衆に味わわせるものであることは、「原告が予定していた朝日町の講演内容について」との副題を付した私の別の陳述書（乙30号証）で問題箇所を詳しく検証した通りです。

原告は、日本と日本人の「素晴らしさ」を説明する際、ほぼ例外なく、日本や日本人よりも「劣っている例」・「駄目な例」として特定の外国を引き合いに出しています。このようなやり方で受け手の心に醸成されるのは、普遍的な「誇り」や「劣等感の排除」ではなく、単に相対的な優劣に基づく「優越感」だけであると言えます。

この二つで示した通り、竹田氏の差別的言説には、人間を「個人」ではなく「民族」単位で分類し、民族ごとの優劣を主観的な思い込みで決めつける傾向があると、私は思いました。

「日本人はこんなに優れている」という話と、「韓国人や中国人はこんなに劣っている」という話が、竹田氏の言説では渾然一体となっているからです。

◆「朝日町で予定していた内容」をネットで講演した竹田氏

差別の思想とは、一般に「集団内で特定の人間を理不尽に貶める」ことですが、優劣の関係は相対的なものであり、ＡがＢよりも「根源的に劣っている」と決めつけて貶める行為と、ＢがＡよりも「根源的に優れている」と礼賛する行為は、実は表裏一体です。

私が、竹田氏の「日本と日本人はすばらしい」という言説を「自国優越思想」と評し、彼の差別的言説とセットの形で批判しているのは、そのためです。

日本人は、世界に類を見ないほど優れた民族である。こんな風に言われると、自分の価値が高まったような気がして、いい気分になる日本人は多いかもしれません。

けれども、こうした言説は「従って、日本人以外の民族は、日本人よりも劣っているのだ」という差別的思想を含んでいる事実に、どれだけの人が気づいているでしょうか。

歴史的に見れば、かつて日本人が国全体として、このような「自国優越思想」に酔った時代がありました。昭和期の大日本帝国時代、具体的には一九三五年の「国体明徴運動」から一九四五年の破滅的な敗戦までの一〇年間がそれです。

国体とは、天皇を中心に頂く大日本帝国（日本）の国家体制をあらわす言葉で、日本の国体は「万邦無比（世界に類を見ないほど優れているという意味）」であり、すべての日本人はその優れた資質を自覚して「天壌無窮の皇運（天皇の君臨する国体の未来永劫の繁栄）」を支えねばならないという考え方が、国体明徴運動でエスカレートしました。

それでどうなったか。日本人とりわけ日本軍人は、自信過剰で夜郎自大な思想に囚われてあちこちで戦争を引き起こし、占領した中国や東南アジアの諸地域で、原住民を見下して傲慢に振る舞う態度をとりました。そして、思考の高慢さゆえに的確な情勢判断ができなくなり、戦争で劣勢になると一度も挽回できず、破滅の瀬戸際まで突き進みました。

第三章の最後で、二〇二〇年二月二十八日の「被告第1準備書面」を引用しましたが、「被告」である私の経歴説明には、以下のような文言も含まれていました。

また、被告は1930年代の日本で流行し、当時の文部大臣も推奨した「日本人は偉い」という自国優越思想が、その後の日本政府と社会の進路を狂わせ、やがて侵略戦争や占領地での他民族蔑視へと繋がった史実を重く見る考えを持っており、かかる信念に基づき、一見すると人畜無害に思える自国礼賛思想に対して警鐘を鳴らす言論活動も行ってきている。その中の1つとして、2018（平成30）年6月に被告が上梓した著書『［増補版］戦前回帰 「大日本病」の再発』（朝日文庫）の一部を証拠提出する（乙2）。

証拠提出した一部とは、私が自著で引用した、新潮社の雑誌「日の出」一九三三年十月号の附録小冊子「世界に輝く 日本の偉さはここだ」の内容とそこに含まれる問題点の指摘でした。この小冊子は、タイトルが示すとおり、日本人は世界でいちばん偉いという自国優越思想に満ちた記事を大量に収録したものでした。証拠提出した自著の一部を以下に再録します。

同書〈「日本の偉さはここだ」〉に収録されている記事のタイトルや見出しを列挙すると、「日本人特有の才能」「美的趣味は世界第一」「時計のように正確な鉄道」「日本人大もて」「欧州人にはできない芸当」「世界を驚かす日本の発明」「世界に輝く科学日本」「欧米人を遙かに凌ぐ愉快なる実例」「大いに自尊感を高めよ」など、まさに唯我独尊、夜郎自大を絵に描いたような様相を呈しています。（略）

もし客観的な視点が多少でもあれば、日本や日本人を際限なく称賛する行為が、そのまま「日本以外の国や国民を見下し、侮蔑する差別感情」にも容易に転化するという危険性を理解できるので、自国礼賛の言動には一定の抑制がかかるはずです。自国礼賛と他国蔑視は、思考形態としては表裏一体の関係にあります。（pp・367-368）

◆竹田氏の講演「日本はなぜ世界でいちばん人気があるのか」

私は、二〇二〇年六月四日の午前三時二四分に佃さんに送信したメールの中で、竹田氏の朝日町での講演タイトルについて、こう指摘していました。

タイトルの「日本はなぜ世界でいちばん人気があるのか」という言葉も、一見人畜無害に見えて、実は「自国優越思想をそれと気づかない形にして受け手の心理に刷り込む」という手法のように思います。本当なら、この問いの前に、まず「日本は世界で一番人気があるのかどうか」を、何らかの根拠に基づいて議論しなくてはならないはずです。しかし、竹田のタイトルは、この当然なされるべき問いをバイパスして、あたかも「イエス」という結論が客観的に出されたかのようなムードを創り出した上で、「なぜそうなのか」という二番目の問いにジャンプしています。中高生相手に、このような詐術的な言葉遣いをすれば、聞き手の中高生は「日本は世界で一番人気があるのだ」という竹田個人の思い込み、つまり自国優越思想を、それと気づかないまま、心理に刷り込まれることになります。

三通目の陳述書は、こうした批判的視点から、ニコニコ動画で公開された講演内容の反訳を仔細に分析し、内容の事実関係の誤り（竹田氏の思い込みによる間違い）についてのファクトチェックの結果と、自国優越思想をそれと気づかれないまま聞き手に植え付ける危険性について指摘するものでした。私はこの陳述書の中で、「この講演に関して私がツイッターに投稿した批判的な内容は、社会的な公益性に適う論評として、社会通念上許容される範囲であると私は確信しています」と裁判官に訴えました。

私が三通目の陳述書で指摘した、事実誤認や自国優越思想、竹田氏の主観的な思い込みなどの「問題点」は、約二時間の講演中で計三一箇所に及びました。事実誤認と指摘した点についてはすべて、日本の政府機関や他の調査機関が公表している各種データなどを裏付けとして添付しました。

前者の「事実誤認」は、日本人や日本文化はこんなに優れている、それに引き換え外国(韓国、中国、アメリカなど)は劣っている、という講演中の話についての検証でしたが、例えば「日本人は生き甲斐のために仕事をするが、欧米人はただ金のために仕事をする」という竹田氏が語った話は、国際比較調査グループISSP(International Social Survey Programme)が二〇〇五年に行った各国国民の職業意識調査によって否定されています。

それによると、「仕事は収入を得るための手段であって、それ以外のなにものでもない」という考え方に「そう思う(どちらかといえばを含む)」と答えた人の割合は、日本人は三九パーセントで、アメリカ人（二五パーセント）やイギリス人（三三パーセント）などの「欧米人」よりも、むしろ高いことを示しています

また、後者の「自国優越思想」については、「日本人は精神性が優れているからいいものを作る」や「日本国という国は、人類の歴史上、最も長きにわたって、最も多くの人を幸せにし続けてきた国」など、竹田氏の主観的な思い込みでしかない話をまことしやかに語っていますが、こうした自国優越思想が「日本以外を差別して見下す思想」と表裏一体であることは、先に述べた通りです（この陳述書で指摘した「日本人は戦争になっても民間人を攻撃しない」など、過去の歴史を歪曲する「歴史修正主義」については第七章で後述）。

それゆえ、私は最後のまとめの部分で次のように書き、このような内容の講演を中高生に聴かせるのはやはり問題であると指摘しました。

講演全体を通して、原告の説明は「日本や日本人」を他国と比較して「日本が優れている事例」ばかりを並べ、ある特定の優れた資質を持つのは、あたかも「日本や日本人だけ」であるかのように語り、そうした説明に合致しない事実には一切触れず、全体の一部だけを切り取って、それが全体であるかのよう

に印象づけるトリックを用いています。

　実際には、「仕事にやり甲斐や喜びを感じる」や「心を込めて物づくりをする」など、個々の事例として挙げられる「長所」や「美点」は、日本人だけでなく諸外国の人々にも一定数存在するものであり、また、日本人であってもそうした「長所」や「美点」を持たない人間も少なからず存在しています。にもかかわらず、こうした「長所」や「美点」が「日本や日本人にだけ」存在する特別な資質であるかのように語るのは、自国あるいは自民族優越思想に他ならず、他国を見下す差別思想の土壌となるものです。

第六章

東京地裁での全面勝訴と竹田側の控訴

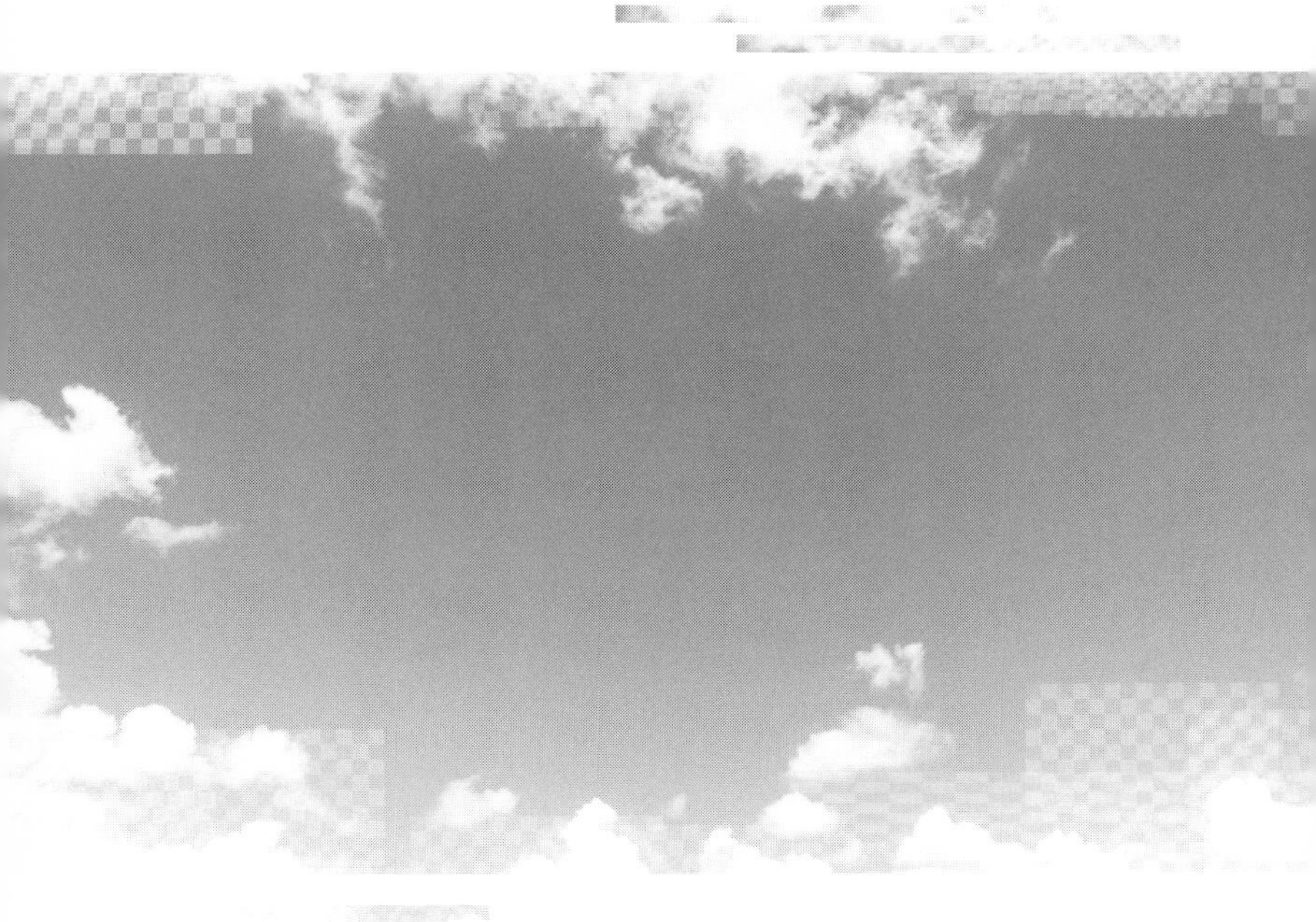

佃弁護士の準備書面と東京地裁での結審

◆竹田氏が言い放った「私とあなたは身分は同じだが血統が違う」という言葉

私の書いた陳述書三通は、佃さんによる専門的見地からの修正をいくつか加えたのち、二〇二〇年九月三十日付で完成しました。

二〇二〇年十月三十日、東京地裁で「第四回期日」が行われ、第5から第8までの四通の「被告準備書面」と私の陳述書三通が、佃さんから裁判所に提出されました。

佃さんは、「被告第5準備書面」の中で、竹田氏の差別的言説の一例として、インターネットテレビ局「ABEMA TV」で二〇一七年六月三日に放映された番組「みのもんたのよるバズ」に出演した際の竹田氏の発言を取り上げて、内容を検証されました。

同番組は「激論！ 女系天皇は是か非か！」とのテーマで、原告のほか漫画家の小林よしのり氏など三人のゲストと四人の番組コメンテーターが討論する内容でした。証拠として提出するにあたり、問題発言の前後の文脈も分かるように、私は同番組の完全な動画をロシアの動画サイトで見つけ出して自分で全体の反訳を行った上で裁判所への提出資料にまとめ、それが恣意的な抜き取りでないことも示しました。

佃さんは同書面において、問題となる発言とその意味について、こう指摘されました。

この番組において原告は、小林よしのりが、原告のことを指し示しながら、「この人、王？　この人、皇族？」「この人、国民でしょ？」「これ、わしとの間に身分の差はある？」「いっしょでしょ？」という発言をしたのを受けて、「ただあの、11宮家がですね、その、なぜ今民間人かといえば、これはあの、GHQの圧力によってですね、日本が戦争に負けたということで、あの、昭和天皇もですね、望んでなかったんですよね。できれば残したいとおっしゃる。でもGHQの圧力で強制的に民間にさせられたわけです。まあ、私と小林さんの間ではですね、それは、あの、み、身分はいっしょです。でも、血統は違うんです」との発言をした（乙21・25分15秒以下、乙22・3〜4頁。）。

原告は旧竹田宮の子孫であるところ（乙21の25分50秒以下、乙22の4頁参照）、原告の上記の発言は、〝（自分も含まれるところの）旧宮家は、ＧＨＱの圧力で強制的に民間人にさせられたに過ぎないのであって、民間人とは血統が違う〟という趣旨のものであり、この発言を現場で聞いた小林よしのりは原告のこの発言につき、「思わず耳を疑った。自分は下々の者とは違う、高貴な血統と思っているらしい。」との感想を述べている（乙23）。

原告のかかる発言は、血統による取扱いの差等を堂々と肯定するものであって、端的に差別を肯定し正当化するものである。原告がかかる発言をした事実は、「教育現場に出してはいけない人権侵害常習犯の差別主義者」という本件ツイート2の論評、原告の発言内容につき、差別にあたるものがあるとする本件ツイート3の論評、差別の常習者である旨の本件ツイート5の論評の前提事実である。

竹田氏は、自分はただ「自分と小林氏では血統が違うという事実」を述べただけだと弁明しました。しかし、「身分はいっしょです。でも、血統は違うんです」の「でも」という、後段が前段に反する場合の接続詞を使っている以上、その意味は「私をあなたといっしょにするな」という、実質的に自分を相手より優位に置く主旨の発言なのは明らかでしょう。

◈東京地裁での結審と記者会見の準備

十二月十一日、東京地裁で「第五回期日」が行われ、裁判官は双方の主張立証が出揃ったものと判断して「弁論を終結する」と結審を宣言しました。そして、判決の言い渡しを行う次回期日は、翌二〇二一年二月五日に決定しました。

翌十二月十二日の午後七時二七分、私は佃さんにメールを送信しましたが、その内容は「私の友人の新聞記者から、『来年二月の判決言い渡し後に記者会見をしますか？』という質問を受けましたが、どう返答すればよいでしょう？」というものでした。

佃さんは、十二月十四日に「私は基本的には前向きですが、勝負は下駄を履いてみるまで分からないので、敗訴の可能性も視野に入れた上で検討しましょう」との返信をくださいました。

この件については、内田さんにも相談すべきだと思い、十二月十八日の午前三時二五分に、次のような文章を含むメールを内田さんに送信しました。

私は、多くの方から物心両面でご支援をいただいたこともあり、一度も裁判所に行かずに終わるというのも義理を欠いていると思い（裁判の途中で何度か、佃さんに「期日の日に私も出廷すべきでしょうか」と確認しましたが、その必要はないとの返答でした）、判決の日には佃さんと一緒に出廷する予定です。
また、記者会見についても、仮に敗訴であっても、何らかのメッセージを出すべきだという必要性を感じれば、行うのがよいかと考えています。その場合、内田さんにも同席していただけるなら、とても心強く感じますが、お願いできますでしょうか。厚かましいお願いで恐縮です。

内田さんからの返信は、同日の午前九時三七分に届きました。

判決とインタビューの件、承りました。僕は敗訴でも（むしろ敗訴した場合こそ）インタビューを受けて、山崎さんの主張を伝えた方がいいと思います。まだ先があるわけですから。

三日後の十二月二十一日の夜、私は佃さん、内田さんと東京で会食し、判決後の行動について相談しました。話し合いの結果、判決がこちら側の勝訴でも敗訴でも、当日中に記者会見を行うという方針に決まりました。

十二月二十三日の昼一二時三六分、私は内田さんと佃さんにメールを送信しました。

裁判の判決には、多少の不確定要素が残っているとはいえ、私は裁判官の良識を信じています。そして、三通の陳述書で、私の一連のツイートが公益に適う、明確な根拠に基づく、適正な論評であることを立証できたのではないかと考えており、佃さんが作成して下さった計10通の被告準備書面と合わせて、現在までの限られた時間に、こちら側でできることは全てできたのではないかと理解しています。

◆審理終了のゴングが鳴った後にまだ陳述書を出してきた竹田氏

二〇二〇年から二〇二一年に年が変わり、私は裁判が結審したこともあって、前年の年末年始よりは平穏な気分で年の瀬と正月を過ごしていました。

ところが、一月七日の午後九時四〇分、そんな穏やかな空気を乱すような事実を伝えるメールが、佃さんから届きました。

明けましておめでとうございます。本年もよろしくお願い致します。
新年早々、竹田氏が書証（甲33・甲34）を送って寄越してきました（添付のとおり）。
その内容は、（略）特段反論の必要を感じるものではありません。

しかしながら、弁論が終結しているにも拘わらずこういう書面を提出してくる料簡がアンフェアであって許しがたいので、添付のワードファイルのような意見書を提出しておこうと思います。
ご意見がありましたらお願い致します。

佃さんが一月八日付で提出してくださった意見書は、次のようなものでした。

一　意見の趣旨
原告が今般送付してきた甲33・甲34については、裁判所がこれを目にして内容を確認なさることすら不相当であると思料します。

二　意見の理由
1　本年1月7日、原告はファクシミリにて甲33及び甲34を送付してきました。これは口頭弁論終結後の行為であって適法な書証の提出ではなく（最2小判1962（昭和37）年9月21日・民集16巻9号2052頁）、これらの文書を証拠として取り扱うことが認められないことは言うまでもありません。

しかし問題はそれに止まりません。

かりそめにも口頭弁論終結後に証拠の提出を実現しようというのであれば、弁論再開の申立てをしなければ証拠提出の実現の余地など事実上皆無です。そうであるにも拘わらず原告は、甲33・甲34を送付してくるのみであって弁論再開の申立てをしておりません。

これは即ち、原告がこれらの文書につき、適法に証拠として取り調べてもらおうという気はもとから全くなく、ただ裁判所に事実上目を通してもらえればありがたいという程度の認識で送付して寄こしたに過ぎないと解さざるを得ません。

かようにもともと適法に証拠として取り調べてもらおうという気がない文書など、裁判所がこれを目にされることすら不相当であって、貴庁におかれては、内容の確認すらせず一切無視するべきであると思料致します。
2　なお、実際のところ、甲33も甲34も、その内容は、原告独自のレトリックであるかまたは、被告が主張立証済みの事柄を〝反論がない〟等と断ずる類の強弁に過ぎないものであって被告の主張の正当性を何ら揺るがすものではなく、したがって貴庁がこれらを目にしたからといって被告は痛痒を特段感じないのですが、原告の行為があまりにも民訴法を無視したアンフェアなものであるため、本意見を申し上げる次第です。

私は、この竹田氏のルールを無視した行動に驚き、一体何を考えているのだろうかと思いました。

ボクシングの試合で言えば、最終ラウンド終了のゴングが鳴った後で、まだ相手にパンチを打つようなものです。こんな卑怯な行動をとれば、裁判官の心証にどう影響するか。それは、裁判に関してはまったく素人の私でも容易に想像できることです。

生まれて初めて裁判所に出廷し、自分に下された判決を聞く

◈東京地裁で言い渡された判決：「原告の請求をいずれも棄却する」

二〇二一年二月五日。

竹田氏が東京地裁に訴状を提出したとツイートした日（二〇二〇年一月二十日）から数えて一年と一七日が経過（二〇二〇年はうるう年）したこの日、私は生まれて初めて、裁判所というところに足を運びました（内田さんもそうだったとのこと）。

私は前日に東京入りして、夕方に佃さんの事務所で翌日の行動予定を確認したあとホテルで一泊し、二月五日の昼過ぎ頃に再び佃さんの事務所を訪れました。そこから徒歩で、東京地裁と東京高裁のある合同庁舎の建物へと移動し、一二時五〇分に東京地裁のロビーで内田さんと合流して、三人でエレベーターに乗って四階へと向かいました。

午後一時一〇分に判決が言い渡される予定の第415号法廷は、この時にはまだ開かれておらず、隣の待機室のような部屋で待つことになりました。私は、久しぶりに着たスーツの上着を脱いでワイシャツの袖をまくりながら、部屋の中を観察しました。

その部屋には、我々三人のほか、誰なのかわからない男性一人と女性一人がいました。この二人に、裁判関係の内輪話をあまり聴かれたくないと思った私は、内田さんに敢えて裁判とは関係のない話題で話しかけました。

「そうだ、今度の凱風館マルシェで、また小さい本を売ろうと思っています。テーマは、フランスのヴィシー政府とレジスタンス、そしてアルジェリア独立戦争です」

凱風館とは、内田さんが主宰されている合気道の道場で、その門人や関係者の懇親を兼ねた即売会のようなイベント（マルシェ）が何度か催されていました。私は、自分で個人出版している電子書籍の中から、いくつかの原稿を本の形に組んで紙版を制作し、一冊三〇〇円で、三月六日に予定されているマルシェにて販売するつもりでした。

この時、私は間もなく自分に言い渡される判決についてはあまり心配しておらず、自分にできることはすべてやったのだから、あとはサイコロが振られるのを待とうという心境でした。普通に考えれば、こちらが負けるとは考えられないですし、この期に及んであれこれ考えても、裁判官はもう判決文を作成している以上、どうにもなりません。

やがて、第415号法廷の扉が開かれ、佃さんと私は被告側の席につき、内田さんは傍聴席に座られました。私は、人生で初めて入室した「法廷」の内部に興味を惹かれ、椅子と机の配置などを観察しながら、独特の重い雰囲気を味わいました。

正面に視線を向けると、遠く離れたところにこちら向きで原告側の席があり、もう少ししたら竹田氏と代理人弁護士がそこに着席するのかと想像して、軽く身構えました。

竹田氏が姿を見せたら、どんな目線で見てやろうか、と考えながら。

刺すような強い目力で睨みつけてやろうか。

あるいは余裕綽々でクールな一瞥をくれてやろうか。

しかし、竹田氏と代理人弁護士は結局、法廷に姿を見せませんでした。

午後一時一〇分、三人の裁判官が入廷され、佃さんと私は立ち上がりました。

そして、判決文が読み上げられました。

「主文　原告の請求をいずれも棄却する。訴訟費用は原告の負担とする。」

言い渡されたのはそれだけで、三人の裁判官はすぐに退廷されました。

「判決の言い渡しは、一五秒ほどの出来事なので、拍子抜けするかもしれませんよ」と、事前に佃さんから伝えられていましたが、裁判官の声が意外と小さかったので、内田さんはどちらの判決なのかをすぐに理解できずに戸惑われたそうでした。

しかしともあれ、われわれは勝訴しました。私は、安堵感に身を包まれました。

◈こちら側の主張がほぼ全て認められた判決内容

こちら側の勝訴という判決の言い渡しを受けたあと、我々三人はエレベーターで一六階に上がり、第1民事部で判決書を受け取ってから、裁判所の建物から出ました。そして、明るい太陽の光を正面に受けながら歩道を歩き、佃さんの事務所へいったん戻って判決書の内容を確認しました。

佃さんによれば、裁判官は判決文の中で、こちら側の主張をほぼ全て認めてくれているとのことでした。確かに、私の一連のツイートについて「その主たる目的が公益を図ることにあったと認めるのが相当である」（p.38）と認定し、こちら側が差別的な内容だと批判した『笑えるほどたちが悪い韓国の話』などの竹田氏の著書に関しては、「これらの書籍からは、自国を優越的に捉えた上で、他国民・他民族を劣位に置き、『笑い』の対象とする意識が看取されるものというほかない」（p・42）との判断を下していました。

また、竹田氏の自国優越思想という点について「原告は、『日本はなぜ世界で一番人気があるのか』等の著書において、日本の文化や政治体制につき、外国における評価の観点も含めて肯定的に捉えて称賛し、日本国民の愛国心を強調する一方で、『中国の話』や『韓国の話』においては、中国人及び韓国人について、その文化的成熟度や『民度』が低い旨等を繰り返し主張しているものであり、このような原告の思想を『自国優越思想』と表現することは、論評の域を逸脱するものとはいえない」（pp・45-46）との言葉で、私のツイートが正当な論評の範囲内であったことを明確に認めていました。

そして、竹田氏が名誉毀損だと主張した私の一連のツイートについては、次のような理由から「公正な論評ないし意見の表明として違法性を欠く」（p・48）と裁定しました。

以上の前提事実を考慮すると、原告の思想を「差別主義的」とする被告の論評は、前記（ア）で述べたところに照らして、相応の根拠を有するものであり、また、前記（イ）のとおり、原告が、元従軍慰安婦につき攻撃的・侮蔑的な発言を繰り返し、在日韓国人・朝鮮人につき、犯罪との関連を示唆したり、その排除に関する発言を繰り返していることに照らせば、これらの発言を人権侵害の観点から捉えることについても相応の根拠を有するものである（p.47）

一方で、「人権侵害常習犯の差別主義者」等の表現は、前記（ア）及び（イ）で述べたところを考慮しても、穏当さを欠き、誇張した表現ではあるものの、被告が、自国礼賛や他国蔑視の思考が戦争回帰の事態を招くおそれがあるとの思想（前記1（3）アないしウ）から、被告が感得した原告の思想を批判的に表そうとしたものとして理解することができ、いたずらに原告を揶揄し、侮蔑するような表現にわたっているとまではいえず、意見ないし論評の域を逸脱するものであるとまでは認められない（同）

これらの判決内容を踏まえた上で、我々三人は佃さんの事務所を出て再び合同庁舎に徒歩で戻り、午後四時から同建物内の司法記者クラブで、記者会見を行いました。

このような「記者会見」を行うのも、私は生まれて初めての経験でした。

会見の冒頭、佃さんは裁判の発端と概要を述べられ、判決についての質問には「名誉毀損法の枠組みをきちんと適用した、オーソドックスな内容」と答えられました。

内田さんは、一三七四人もの方々から寄せられた裁判費用の寄付金が約一二〇〇万円という大きな額に達した事実に触れられた上で、「今の日本には、民族差別や自国優越思想に深い危機感を持つ人がたくさんおられるということ。今回の判決は非常に常識的な内容で、良識に根差したもの」として、判決の意義を高く評価されました。

そして私は「公正な判断が下されたのではないかと思います。今回の裁判は、結果的には受けて立つ形にはなりましたが、今の日本社会にはびこっている民族差別、特に韓国人と在日コリアンに対する差別的な言説の氾濫ということに対して、何らかのリアクションと言いますか、それを打ち消す機会にできたら」などの見解を話しました。

約三〇分にわたる会見の模様は、いくつかのメディアによって報じられました。

差別指摘は「公正な論評」　作家の竹田氏敗訴——東京地裁
（時事通信、二月五日午後六時二七分公開のネット記事）

〈差別指摘投稿は「公正な論評」 名誉毀損訴訟で竹田恒泰氏敗訴〈東京地裁判決〉（東京新聞、二月六日午後四時一一分公開のネット記事）

後者の東京新聞の記事は、記者会見全体を収録した動画のリンクと共に、私の「公正な判断が出た。社会にはびこる民族差別に反論できるアクションになった。（国や自治体が）普段、差別的な言説を社会に拡散するような人物を招き、中高生に講演を行ったり、自衛隊の幹部候補生の前で話をさせたりすれば、差別的な主張が伝播する可能性がある」というコメントも紹介してくださいました。

記者会見のあと、内田さん・佃さんと三人で裁判所のすぐそばにある弁護士会館地下一階にあるお店に行き、全面勝訴の祝杯を挙げました。

世の中には「勝利の美酒」という言葉がありますが、一年以上も続いた裁判の被告という立場で味わった諸々のストレスから一時的に解放されたこともあり、裁判に関する苦労などを三人で振り返りながら、本当に美味しくお酒と料理をいただきました。

◆一審判決を不服として控訴してきた竹田氏

二〇一九年十二月十三日に佃さんの事務所で行った最初の相談で、佃さんは「竹田氏は一審で負けても引き下がらず、二審で敗れても最高裁まで行くでしょう」と予想されていました。そして、この裁判が持つ社会的な意味を考慮すれば、ただ勝訴するだけでなく、全面的に「勝ち切る」ことが大事だという話もされていたと記憶しています。

なので、私は竹田氏がこのまま一審敗訴を受け入れない可能性は小さくないと考えて、あまり楽観しないように努めました。

かつての大日本帝国も、アジア太平洋戦争の末期に自国の敗北という現実を頑なに受け入れず、戦争を長引かせて敗戦を先送りにする態度をとっていました。大日本帝国に好意的な言説を展開する彼も、同じように戦いを続ける道を選ぶのでは、と予想しました。

また、竹田氏は訴訟を起こす前や裁判の初期段階ではあれほど雄弁にツイッターで自分の「優位」を語っていたのに、裁判費用の寄付金が一〇〇〇万円を超えた辺りからまったく裁判に触れなくなり、二月五日もツイッターで判決について全く言及しませんでした。

しかし、竹田氏はそのような「沈黙」の陰で、次の動きを始めていました。

一審判決から八日後の二〇二一年二月十三日の午後八時三八分、私は佃さんに「竹田が今日公開の動画で裁判について言及しています」と題したメールを送信しました。

メール表題にあります通り、竹田が今日公開の動画で裁判について言及しています。

（URL省略）

相変わらずの自己正当化と、自分にとって都合のいい部分だけの切り取りという印象ですが、控訴する意向だと述べています。

週明けで結構ですので、佃さんのご感想をお聞かせいただけると幸いです。

よろしくお願いします。

佃さんからの返事は、二月十四日の午前一〇時五六分に届きました。

言っている内容は、一審における自分の主張の繰り返しであり、特に新味はありませんでしたね。

動画の中で彼は、主に、a．当該発言が論評か否か　b．論評の域を逸脱していたか　否かの2点を問題にしていましたが、aとbの間に、c．論評の前提事実は真実か　という重要な論点があり、私は、この点こそが勝負の分かれ目だと思っています。

それから八日が経過した二〇二一年二月二十二日の午前一一時五〇分、佃さんからの次のようなメールが、内田さんと私のところに届きました。

本日、裁判所に先方の控訴の有無を確認したところ、控訴がありました。（略）これから事件の記録が地裁から高裁に送られ、また、50日以内に先方から控訴理由書が提出されます。（略）

こうして、竹田氏との法廷闘争は、第二ラウンドへと持ち越されることになりました。

第七章

竹田氏の言説に見られる「歴史修正主義」の思想

「慰安婦はただの売春婦」と言い放つ竹田発言の問題点

◆私が竹田氏の言説を以前から「問題だ」と認識していた理由

この裁判のそもそもの発端は、第一章で述べた通り、富山県朝日町の教育委員会が竹田氏の中高生向けの講演イベントを企画した件への、私の批判的論評のツイートでした。

ただ、私はこれ以前から、竹田氏の言動には問題があると考えており、件のツイートを投稿するはるか以前から、それを批判する反論ツイートを投稿していました。

例えば、二〇一八年十一月七日の午前五時四七分、竹田氏はツイッターで「戦前、外地には職業の一つとしての『売春婦』はいましたが、日本軍が強制的に連行して奴隷にしたという、いわゆる『慰安婦』はいませんでした。当然、従軍させたという『従軍慰安婦』もいません。これらは完全な嘘です」という内容の文言を投稿しました。

この投稿を見た私は、竹田氏が過去の歴史を歪曲していると感じ、十一月九日の午後五時二四分に引用リツイートの形でこれに反論しました。

> 竹田恒泰さんは勘違いではなく、意図的な「すり替え」をしてウソをついておられますね。「売春婦」募集に応募してきた女性をベッドに縛り付けて強制的に何人もの日本兵の性欲発散の道具とする「事実上の性奴隷」にした事例を、シンガポール戦に従軍した日本兵が書いています。

また、それに続けて午後五時二六分には次のようなツイートを投稿しました。

> 慰安所の設立と運営に日本軍が関与した事実は、中曽根康弘元首相や元産経新聞社長の鹿内信隆氏らも実体験に基づいて書いています。軍が絶対的な発言力を持つ環境下で、機械のように次から次へと性交を強要させられる女性は、形式をどう取り繕おうが売春婦とは異質な「事実上の性奴隷」です。

中曽根康弘元首相が海軍主計中尉時代に、原住民の女性を集めて慰安所を作ったとの記述が「海軍航空基地第二設営班資料」にあり、本人も一九七八年に出版された『終わりなき海軍』(文化放送開発センター出版局)という元海軍軍人の手記を集めた書物で「私は苦心して、慰安所をつくってやったこともある」と記していました。

元産経新聞社長の鹿内信隆氏の実体験は、鹿内と元陸軍将校の櫻田武の対談本『いま明かす戦後秘史』(サンケイ出版、一九八三年)に記されています。

鹿内　(略)それから、これなんかも軍隊でなけりゃありえないことだろうけど、戦地へ行きますとピー屋が……。

櫻田　そう、慰安所の開設。

鹿内　そうなんです。そのときに調弁(戦地で調達)する女の耐久度とか消耗度、それにどこの女がいいとか悪いとか、それから(入り口の)ムシロをくぐってから出て来るまでの〝持ち時間〟が、将校は何分、下士官は何分、兵は何分……といったことまで決めなければならない(笑)。料金にも等級をつける。こんなことを規定しているのが「ピー屋設置要綱」というんで、これも(軍の)経理学

校で教わった。（上巻、pp・40-41）

◆元慰安婦の老婦人を「クソババア」と呼んだ竹田氏

先のツイートで指摘した、「『売春婦』募集に応募してきた女性をベッドに縛り付けて強制的に何人もの日本兵の性欲発散の道具とする『事実上の性奴隷』にした事例」は、日本軍の小隊長としてシンガポールに駐屯していた総山孝雄の戦記『南海のあけぼの』（叢文社）に記されている、慰安所へ出かけた一人の衛生兵から聞いた話でした。

英軍時代には一晩に一人ぐらいを相手にして自分も楽しんでいたらしい（慰安婦募集に応募した娼婦の）女性たちは、すっかり予想が狂って悲鳴をあげてしまった。

四、五人すますと、

「もうだめです。体が続かない。」

と前を押えしゃがみこんでしまった。それで係りの兵が「今日はこれまで」と打切ろうとしたら、待っていた兵士たちが騒然と猛り立ち、撲り殺されそうな情勢になってしまった。恐れをなした係りの兵は、止むをえず女性の手足を寝台に縛りつけ、

「さあどうぞ。」

と戸を開けたという。ちょうど番が来て中へ入ったくだんの衛生兵は、これを見て真っ青になり、体のすべての部分が縮み上ってほうほうのていで逃げ帰ってきたというのであった。（p．151）

これ以外にも、先の戦争中に日本軍の部隊に付随する施設として運営された「慰安所」で働く「慰安婦」と呼ばれた女性たちが、職業選択の自由を事実上奪われ、自由意思に基づく職業としての「売春婦」とは本質的に異なっていた事例は数多く存在します。

当時、朝鮮半島は大日本帝国の一部であり、「慰安婦募集」という業者の新聞広告を見て応募した女性は少なくなかったようです。しかし、この事実を根拠に「慰安婦は売春婦だ」

と主張する人もいますが、そのような主張は論理的には成立し得ないものです。なぜなら、その募集広告に記されているのは「売春婦募集」という文言ではなかったからです。各地の戦場に近い場所に数多く開設された「慰安所」で働く「慰安婦」たちが、毎日道具のように、日本軍兵士の性行為の相手をさせられていた事実を、戦場から遠く離れた朝鮮半島で暮らす十代の少女が正しく理解していたとは考えられません。

言うまでもなく、「慰安婦」とは男性軍人の目から見た「婉曲語」であり、新聞の「慰安婦募集」という広告は、今で言うホステスのような接待業を連想させるものです。それを読んで応募したから「本人が望んだ売春婦だ」と決めつける論理は成立しません。

しかし竹田氏は、私が反論したツイート以外にも、元慰安婦の韓国人女性に強い敵愾心を示す言動を何度も繰り返していました。

東京地裁が下した一審の判決文には、次のような指摘がありました。

> 原告は、原告アカウント及び動画において、(略)いわゆる従軍慰安婦等について も、「嘘をつく老婆」、「ゆすりたかり」、「売春婦」、「クソババア」などとして侮蔑的な表現を用いている。(p・43)

◆サンフランシスコの慰安婦像と「鼻クソの刑を執行」との投稿

この「クソババア」という侮蔑的な表現は、二〇一九年九月三日に竹田氏が自身の動画チャンネル（YouTube）で公開した動画の中で語ったもので、元慰安婦の女性が竹田氏の動画番組を観て傷ついたと言っていると話したあと、「そんな、慰安婦の、おばあ…ちゃん？　いま一瞬、クソババアって言いそうになったけど、ハハハ、慰安婦のおばあさまが…」という言葉を口にしていました。

二〇二〇年十月三十日付で作成された「被告第5準備書面」の中で、佃さんはこの発言について、以下のような主張を展開しました。

「クソババアって言いそうになったけど」と言った後「ハハハ」と笑ったということは、原告が元従軍慰安婦の女性を「クソババア」呼ばわりしたにほかならない。また、その後の「おばあさま」という言い方は、動画（乙24）の該当部分を見ると、明らかに元慰安婦の女性を揶揄した言い方である。

これらはいずれも、元従軍慰安婦の女性に対する著しい侮蔑である。

竹田氏は、ツイッターでも繰り返し、慰安婦問題で異様な投稿を行っていました。

二〇一八年十一月六日の午前八時四六分、竹田氏はサンフランシスコの公園に設置された慰安婦の像と自分が映っている写真と共に「こんなところに、こんなもん建ておって（略）」などと像を揶揄する文言のツイートを投稿したあと、同日午前八時五六分には「鼻クソの刑を執行」、午前九時二一分には「日本軍によって性奴隷にされた女性や少女は、いません（略）」、午前九時三〇分には「握りっ屁の刑を執行」と投稿しました。

このうち「鼻クソの刑を執行」と「握りっ屁の刑を執行」の二つの投稿が、慰安婦像に関連するものかどうかについては、ネットメディアの「J-CASTニュース」が十一月六日の午後六時二〇分頃に竹田氏に質問しましたが、翌七日の同時刻までに回答はなかったと、同メディアの記事（十一月七日午後六時三〇分公開）が伝えていました。

現在の国際社会では、当時の慰安婦について「性奴隷（セックス・スレイブ）」という言葉が広く使われていますが、これは「慰安所」で働く女性たちが自らの意志でその仕事（不特定多数の日本軍兵士相手の性行為）を辞めることが許されず、帰国の手段がないため脱走することもできなかったという「日本軍兵士の性欲充足のための奴隷的境遇」が、女性の人権や尊厳を蹂躙する「戦時性暴力」に当たるとの考えに基づくものです。

また、人を「売春婦」呼ばわりする行為が名誉毀損に当たることは、佃さんが「被告第3準備書面」の中で過去の判例を二つ引用した上で指摘されています。

大日本帝国を擁護し中国と韓国を敵視する「歴史修正主義」の言説

◆「南京虐殺否定論」に与する竹田氏

竹田氏は、先の戦争で日本軍がさまざまな形で関与した慰安婦制度の非人道性を否定するだけでなく、日本軍による南京虐殺についても否定的な言動を行ってきました。

例えば、竹田氏は自ら制作して文部科学省の検定を受け、不合格になったものを自らの出版社（令和書房）から二〇一九年四月に刊行した中学生向けの歴史教科書『中学　歴史　平成

30年度文部科学省検定不合格教科書』の冒頭部分で、こう書いています。

捻じ曲げられた歴史を正す

これまでの自虐史観に基づいて、事実と異なったことが浸透してしまっていることがある。たとえば南京事件である。「国史教科書（この教科書の別称）」はこれをただ無視して書かないのではなく、書いたうえで、事実ではないと思わせる指摘をいくつか載せることで、生徒たちが自ずと虚偽であることを知るような書き方を心掛けた。（p．13）

そして、本文の中では南京虐殺について、以下のように述べています。

現在、中華人民共和国政府は、日本軍が南京を攻略するにあたり、南京の住民を三〇万人以上殺したと主張しています。これに対しては、市民の虐殺は一部あったという主張や、市民の虐殺はまったくなかったという主張も根強く、いまだ決着には至っていません。

当時、国民革命軍の軍人の多くが民間人に扮して便衣兵と呼ばれるゲリラ兵となって民間人を人質に立て籠もり、あるいは敵対行為をしていました。これは国際法違反でした。逮捕され処刑された便衣兵も多く、これを虐殺と指摘されている可能性もあります。

また、日本軍入城時の南京の人口は二〇万人程度であり、どうやって三〇万人虐殺できるのか疑問であるという主張もあります。また、日本軍が南京を占領してから一か月後には人口が五万人増加しているという報告があることから、大虐殺に疑問を呈する見解もあります。（p.179）

当時の歴史について予備知識がない人なら、この文言だけを読めば、南京大虐殺は「なかった」という印象を受けるかもしれませんが、これはよく使われる印象操作のトリックです。

私は二〇一九年に上梓した『歴史戦と思想戦』（集英社新書）の中で、南京虐殺を否定する詭弁のパターンをいくつか指摘しました。その一つは、犠牲者三〇万人という中国政府の主張だけを検証対象とし、人数の信憑性に疑問をいくつも差し挟んだ上で「三〇万人の虐殺は不可能だった、よって南京虐殺はなかった」と論点をすり替えるやり方です。

しかし、日本軍が一九三七年十一月から十二月に行った、上海から南京への進撃過程において、多くの市民や捕虜を殺害した事実は、日本軍の記録や従軍兵士の手記にも数多く記されており（山崎雅弘『沈黙の子どもたち』晶文社を参照）、日本政府も公式に「日本政府としては、「日本軍の南京入城（1937年）後、非戦闘員の殺害や略奪行為等があったことは否定できないと考えています」（外務省サイト）との立場をとっています。

◆「当時中国という国はなかった」という竹田氏のウソ

今回の裁判では、韓国人や在日コリアンだけでなく、中国人に対する竹田氏の差別的言説についても、竹田氏を「差別主義者」と論評した根拠として指摘しました。

二〇二〇年六月二十一日付で作成された「被告第2準備書面」の中で、佃さんは竹田氏の著書『面白いけど笑えない中国の話』（ビジネス社、二〇一三年）に記された次のような差別的文言を、侮辱、中傷、侮蔑の言葉として列挙されました。

中国では、ある悪事を廃しても別の悪事が蔓延る、いわば、どうしようもない国なのです。『中国人に付けるクスリはない』と言われる所以はここにあります。（p・8）

中国というのはシュールで、奇怪で、不気味で――一言でまとめると『ひどい』国なのです。（p・11）

（大根の無料配布に人びとが殺到した事件を紹介した上で）日本人ならこの神経は到底理解できるものではありません。それどころか、同じ人間であることすら疑わしく思えます。…同じほ乳類であることすら疑わしく思えるのはなぜでしょう。（pp・19-20）

先に引用した『中学　歴史　平成30年度文部科学省検定不合格教科書』にも、中国を日本より下に見るかのような記述があります。

自虐的歴史用語を排除

これまで自虐史観に囚われた歴史学者たちが、我が国を貶めるために作り上げた歴史用語があり、それらが中学歴史教科書に多用されてきた。

そこで「国史教科書」は、そういった自虐的な歴史用語を使用しないことにこだわった。たとえば、「日中戦争」という用語は一般的に教科書で使われているが、当時「中国」という国はなく、中国大陸は中央政府のない混乱期であった。したがって日本と中国という二つの国が戦争をした事実はないため日中戦争という表記は妥当性を欠く。そこで「国史教科書」では「支那事変」という用語にこだわった。（pp・13－14）

この竹田氏の説明は、まったく事実ではありません。

当時の中国は、中華民国という中央政府のある国家であり、国際的にもそのように認められていました。一九三七年十一月に上海を攻略した日本軍が、そこから南京へと進撃したのは、当時の中華民国の首都が南京だったからで、日本の近衛文麿政権も蒋介石の国民党政府を正当な中国政府と認めて国交を結び、戦争勃発までは大使を南京に駐在させていました。

当時の国際社会では、一九二二年二月六日に締結された、中国における権益競争のルールを再確認した「九か国条約」が有効で、日本も中国もこの加盟国でした。日中戦争勃発後の一九三七年十月、加盟国のアメリカやベルギーが、九か国の会議で和平交渉を行うという外交的解決を提案しましたが、日本が参加を拒否したため、不発に終わりました。

今の日本では、中国という二文字を「中華人民共和国の略」だと勘違いしている人がいるようですが、当時の中華民国でも「中国」という二文字が略称として使われていました。日中戦争勃発直後の一九三七年七月十七日に蒋介石が発表した談話は「最後の関頭」演説とも呼ばれていますが、それを伝える中国語の新聞を見ると「中国正在外求和平」や「中国民族本是酷愛和平」など、中国という二文字が使われているのがわかります。

蒋介石の声明の日本語訳を掲載した、日本の雑誌「中央公論」の一九三七年九月号も、当該箇所で「中国」という文字を記していました。

したがって、当時の戦争を「日中戦争」と呼ぶことは歴史的にも妥当なのです。

ちなみに、現在台湾で刊行されている戦史関係の書籍でも、日中戦争当時の中華民国を「中国」、国民党軍を「中国軍」、日中戦争を「第二次中日戦争」と表記しています（第一次は日清戦争）。つまり、当時の戦争を「日中戦争」と呼ぶことが「自虐的歴史用語」だという竹田氏の主張は、まったく根拠がありません。

◆大日本帝国と日本軍の行動を擁護する「歴史修正主義」

当時の中国を、大日本帝国時代の日本は「支那」と呼んでいたため、政府は一九三七年七月の日中戦争勃発当時は「北支事変」という呼称を用い（七月十一日の閣議決定）、戦いが上海方面に拡大したのち、九月二日以降は「支那事変」と呼んでいました。

つまり、竹田氏の言う「支那事変」とは、当時の大日本帝国が用いた名称です。竹田氏はこの「教科書」の中で、一九四一年十二月八日に始まった対米英の戦争についても、当時の大日本帝国の公式呼称であった「大東亜戦争」という言葉を用いています。

このような用語の使用法は、当時の大日本帝国に批判的な戦後日本の歴史研究や歴史教育を「自虐史観」と呼び、大日本帝国を擁護する立場をとる言論人に共通するパターンです。慰安婦制度の非人道性を否定したり、南京虐殺を否定する言説も、大日本帝国時代の日本軍の名誉を守るという大義名分を掲げる形で発せられます。

しかし、実証的な歴史研究の世界では、ナチスドイツや大日本帝国の擁護という政治目的に沿う形で過去の歴史を「修正」する試みは「歴史修正主義」と呼ばれています。
欧米の歴史修正主義の実態に詳しい歴史学者の武井彩佳学習院女子大学教授は、二〇二三年十二月七日付の朝日新聞（ネット版）記事「『歴史修正主義』は何を狙っているのか　欧州の規制から学べること」の中で、次のように説明されています。

歴史的事実を意図的に否定したり、矮小（わいしょう）化したり、一側面のみを誇張したりすることを通して、過去の歴史の評価を変えていこうとすること。それが歴史修正主義です。主に政治的な意図によって駆動されます。

歴史学でも、歴史の記述は新しい史料が出てくると修正されることもあります。ただ、こうした学術的な修正の動きは歴史修正主義とは呼びません。
『南京事件は捏造だ』や『慰安婦はみな娼婦だったのだから問題ない』といった言説が歴史修正主義の典型でしょう。特徴は、アジアでの戦争と植民地支配の問題が大きいことです。日本が侵略や植民地支配をしたと歴史教科書に書いてあり、反省や補償が必要だという合意も一定程度できていましたので、そうした共通認識を揺さぶる意図があったのでしょう。

歴史問題に関する竹田氏の言説は、この武井彩佳教授の指摘にぴったり合致するように思います。彼が著書などで大日本帝国と当時の政治文化を擁護する理由については、第九章でも改めて検証しますが、このような記述内容を含む竹田氏の「教科書」は、文部科学省の検定でさまざまな問題点を指摘された上で「検定審査不合格」となりました。

このような事実も、竹田氏を「中高生相手に講演させるべきでない人物」という私の批判的論評の正しさを裏付けるものだと言えるかもしれません。

第八章

東京高裁の審理と陳述書での「反攻」

「攻めの姿勢」で書き始めた四通の陳述書

◆控訴審の「戦い」に向けた基本方針の策定

東京地裁でこちら側の全面勝訴という判決が言い渡された、二〇二一年二月五日から二か月と四日が経過した四月九日の午後一〇時、佃さんからメールが届きました。

先方から控訴理由書と証拠がファクスで届きましたので、取り急ぎPDFでお送りします。紙ベースのものは週明けに郵便でお送りします。

ざっと読みましたが、控訴理由の中心は、〝論評の域の逸脱〟の論点であり（理由書4～17頁）、あとは一審の主張の繰り返しみたいなものです。

〝論評の域の逸脱〟のところは先方は頑張っていろいろと書いていますが、

いずれも独自の見解であると言わざるを得ません。
私の方でも週明けから反論の準備にとりかかります。

一審で勝訴の判決を受けた後も、私が裁判という分野に関して、弁護士などの専門家から見て「素人」である状況は、さほど変わらなかったとは思います。

ですが、それでも私は一審の闘いを通じて、自分なりに戦場の広さや奥行きがある程度把握できたように思いました。

竹田氏側が一審で出してきた、厖大な量の準備書面と陳述書に目を通し、そこに書かれた文言を論理的に分析した結果として、相手側がどんな「攻め方」をして来るのか、こちら側のどこを標的にしているのか、こちら側の論理的な批判や指摘に対して、どこに待避壕や逃げ道を用意しているのか、そして自己弁護のためにどんな詭弁術のパターンを使うのかという点について、充分な情報を得ることができました。

東京地裁の一審で、私は三通の陳述書を書いて裁判所に提出しましたが、どちらかと言えば、相手側の「攻め」に対する「リアクション」のようなスタンスで書きました。

一通目は、相手側の筋違いな言い分を一蹴する内容で、二通目は竹田氏の詭弁だらけの自己弁護を全体と個別の二つの観点から突き崩す内容でした。三通目は、竹田氏が予定していた講演が「中・高校生に自国優越思想の妄想を植え付ける」ものだという、私がツイッターに投稿した内容が、社会的な公益性に適う論評だと証明するものでした。

これらの経験を踏まえ、私は東京高裁の二審では、相手側の「攻め」を待つことなく、先手を打って、こちらから仕掛けてやろうと考えました。

軍事の世界では、十字砲火という戦法がよく使われます。これは、特定の場所に展開する相手側の兵力に対し、異なる角度から射撃を浴びせるもので、遮蔽物による死角を減らして相手側に打撃を与えられるので、似た戦法は弓矢の時代から使われていました。

私は、竹田氏とその代理人弁護士が二審で「新たな攻め」の態勢を整える前に、連続的な「反攻」を異なる角度から展開し、相手側の「武器」を無力化した上で、自己弁護や正当化に使う「陣地」と「退却路」を先にぜんぶ潰してやろうと思いました。

こうした観点で、私は計四通の陳述書を、それぞれ異なる論点で書き始めました。

◈敗訴の理由として私を「精神障害者」に喩えた竹田氏

まず最初に着手した陳述書（提出順で言えば「二通目の陳述書」）は、竹田氏が一審で敗訴した後に自身の動画チャンネルで公開した自己弁護と自己正当化の動画番組の問題点を徹底的に批判する内容でした。

私は四月十五日の午前一時四二分に、佃さんに次のようなメールを送信しました（カーボンコピーを内田さんのアドレスにも送信）。

裁判の資料ですが、まず地裁判決後の2021年2月13日に竹田がYouTubeで公開した、裁判の判決についての動画の書き起こしをテキストでお送りします（動画のDVDは、後でまとめて作成してお送りします）。（略）これは歴史修正主義者が、過去の歴史を歪曲する時に使う典型的な手法です。

具体的には、（1）自分に有利な事実は針小棒大に誇張して、それが決定的な問題であるかのように吹聴する（2）自分に不利な事実は、黙殺して触れずに済ませるか、または自分に都合がいいように歪曲して論旨をねじ曲げた上で、その実際とは違う「わら人形」に反論を加えて、論破したかのように見せかける（3）自分の気に入らない外部要因は、すべて不当な干渉であるかのように矮小化し、正当なものとして取り扱う必要がないかのような錯覚を創り出すなどです。

この動画内容について、私の方でも陳述書を書こうと思っています。論点としては、(1)私に対する誹謗中傷(あたかも精神異常や事理弁識能力の欠如、精神薄弱などの理由で私が「有罪」と認められなかったかのような説明)(2)地裁の判決内容を著しく歪曲した説明(裁判所が竹田の言説を差別だと認めていないかのような、そして私の論評が前提事実に基づくものであることを全く証明していないかのような説明)(3)地裁の裁判官とその判決に対する侮辱的言説(最初から結論を決めていて逆に作文していった、原告が出した準備書面や陳述書を裁判官はたぶん読んでない、裁判所の説明がすごいあやふや、自信がない書きっぷり、など)(4)裁判制度に対する横柄な物言い(自分の書いた判決が上でひっくり返ると出世に影響、高裁に行くともうちょっとプロフェッショナルな裁判官が当たる、裁判官の当たり外れがある、など)です。それぞれ、簡潔に要点を絞った文章で、問題の指摘を行おうと考えています。

◈二通目の陳述書：「乙41・乙42の動画4について」

私は一審判決言い渡しから八日後に公開された竹田氏のネット動画を観て、本当に腹立たしく思いました。提訴から最高裁の決定までの長い裁判の経過を通じて、私がいちばん強い「怒り」の感情を抱いたのは、内容確認のためにこの動画を観た時でした。

自分が起こした裁判に対する、竹田氏の「ふざけた姿勢」が、そこに凝縮されているように感じたからです。具体的に何がどう「ふざけている」のかは、私が書いた二通目の陳述書からの抜粋をお読みになれば、理解していただけるかと思います。

1　原判決で控訴人の訴えが退けられた理由として、
　私を「精神異常者」に喩える

控訴人は、この動画の冒頭部分で、自分の訴えが原判決で退けられた理由について、次のような言葉で説明していました。

「（略）これ例えばですね、分かりやすく言うと、あの刑法犯で分かりやすく言うと、例えば、え～、例えば人を殺したとしますよね。人を殺した時点で、これはあの殺人罪の要件成立するわけですよ。ところが、本人が精神鑑定したら、例えば精神異常者だった、精神を、事理弁識能力がなかったって言うと、違法性がないっていうことで無罪になるわけですね。

この人は人を殺しました、殺人罪を構成します、でも、ね、精神薄弱とかなんとかだと、減刑になったり、場合によっても無罪になったりする。これ違法性がないって、そういうことなんですね。」

この発言を聴いた時、私は驚き呆れるのと共に、強い怒りと憤りを覚えました。

裁判で自分が負けた腹いせに、このような暴言を吐いたのかもしれませんが、社会通念上、言っていいことと悪いこと、許されることとそうでないことがあるはずです。原判決において、裁判所は原告の主張を退けた理由を、法理に基づく形でていねいに説明しています。原判決でなされた説明には、曖昧なところがなく、きわめて明瞭で論理的な、法理にも良識にも適った公正な判断であったと私は理解しています。

原審において、控訴人の訴えが退けられたのは、控訴人側の主張内容よりも、私側の主張内容に根拠があると、裁判所が法理と論理に基づいて判断した結果であり、私が「精神鑑定の結果、精神異常者だったから」でも、「事理弁識能力がなかったから」でも、「精神薄弱とかなんとかだったから」でもありません。

2　原判決の内容について、不当に歪曲した説明

（略）控訴人は自分の主張が退けられた腹いせなのか、原判決について、「ここはですね、なぜ違法性がないのかっていうところで、裁判所の説明がすごいあやふやなの、自信がない書きっぷりなんですね。ハッハッハッハ。」

とか、

「まぁこれ、私の予想ですけども、あの～、まぁ、あの最初から結論を決め

ていて、逆に作文していったのかなって感じがするんですね。」

など、自分の憶測だけで、原判決の内容を不当に歪曲して信憑性を貶め、その判決を下した裁判官があたかも、「審理を進める以前から特定の結論を決めて、その結論から帰納的に判決文を『作文』した」かのように、笑い混じりで述べています。

裁判官が何らかの「予断」を持って審理に当たり、「最初から結論を決めていて、逆に（その結論に合うように、判決文等を）作文していった」かのように吹聴するのは、明らかに、当該裁判官を侮辱し、名誉を貶める行為に他なりません。

3　「東京地方裁判所の裁判官は、原告の準備書面と陳述書を読まずに判決を下した」等の憶測

控訴人は「自分が述べた主張は全部却下された」という、ただそれだけの理由しか挙げないまま、裁判官が原告側の準備書面や陳述書を「読んでないんだと。ええ。もしくは、読んだけど読まなかったことにしてる」と勝手に決めつけ、

さらに前項と同様の「だからもう、結論、判決先にありきで、で順番に書いたような感じ」という、根拠のない憶測を述べています。

自分の主張が裁判所に採用されなかったのは、ただ単に、主張に根拠がないか、説得力を持たないと裁判官に判断されたからではないか。そのような謙虚な反省もなく、勝手な憶測を並べて、裁判官の職務態度に問題があるかのような言葉をネットで放言する控訴人の行為は、裁判制度に対する社会的信用を低下させる効果も持ちうるのではないかと思います。

4　裁判制度と裁判官に対する横柄な物言い

前項とも関連する問題点ですが、この控訴人の動画を視聴して異様だと感じるのは、裁判官や裁判所、裁判制度に対する、横柄な物言いです。

「まぁ、ただね、まぁ高裁に行って、ひっくり返ったら、やっぱね、地方裁判所で判決出して、自分の書いた判決が上でひっくり返ると、出世に影響しますからね。ええ。まあ高裁に行くと、もうちょっとプロフェッショナルな裁判官が当たりますからね。ええ。まあまあ、まあでもこれもわかんないです、裁判官の当たり外れがありますからね。」

動画で語られる言葉とそれを発する時の控訴人の表情を見ると、自分の訴えについて公正な判断を仰ぐという謙虚な気持ちを持ち合わせているとは思えず、あたかも自分の方が裁判官よりも立場が上だと思っているかのような箇所がいくつも認められます。

それぞれの効果を入念に計算して行った「執筆」

◈一通目の陳述書：「控訴理由書の問題点について」

裁判所への提出順で一通目の陳述書は、竹田氏側の弁護士が出してきた「控訴理由書」という、控訴を行う理由を説明した書面の内容に対する徹底的な反論でした。

以下は、その一部抜粋です。

控訴人より提出された控訴理由書において、本裁判で取り扱われている問題の本質をすり替えたり、論理の飛躍で誤った認識や結論に導こうとする箇所がいくつも確認できます。

これらは、比較的単純な詭弁のテクニックを用いたものですが、控訴答弁書において法理と論理に基づく反駁がなされた箇所以外にも、問題と思われる箇所がありますので、特に看過できないものについて、以下に指摘いたします。

一　本件とまったく関係ない事案を持ち出す牽強付会

控訴人は、「昨今の著名人への名誉毀損に関する社会情勢及びプロの言論人たる被控訴人の社会的責任について」と題した総論（p.1以降）において、プロレスラーの木村花さんが自殺した事例を引き合いに出し、私個人が控訴人に対して実名で行った公益性のある批判的論評と、木村花さんに対して匿名の人間が集団的に行った「死ね」などの悪質な誹謗中傷が、あたかも同質の行為であるかのように語っています。

しかし、これら二つがまったく異質な行為であることは、原判決で明快に示された裁判所の判断と、木村花さんの自殺に関する報道記事を読めば、誰にでも理解できるはずです。

二 「プロの言論人の社会的責任」という概念を曲解する我田引水

控訴人は、（略）あたかも私が「プロの言論人としての社会的影響力を悪用して控訴人を不当に、際限なく攻撃している」かのような印象を、裁判官に植え付けようとしていると思います。

けれども、実際はむしろ逆で、私は言論人としての社会的影響力を、公益のために役立てる意図をもって、本件の一連のツイートを投稿しました。

三　「控訴人による憶測と推論のみに基づく主張」の繰り返し

控訴人は、「被控訴人は本件各ツイート時に『前提事実』を認識していなかった」（p・19）という、具体的な根拠に基づかない主観的な主張を、原審に続いて控訴審でも再び繰り返し、それがあたかも「事実」であるかのような印象を、裁判官に植え付けようとしています。

けれども、私は本件のツイートを投稿する以前から、控訴人による差別や偏見、日本と韓国の関係が悪化した状態を「望ましい」と述べるなどの問題発言を把握しており、その事実は原審で提出した陳述書（乙第28号証）でも具体的な証拠と共に示した通りです。

こうした、空中に想像上の楼閣を築くかのような詭弁は、裁判の公正な審理に何ら寄与せず、むしろ無用の困惑と混乱をもたらすのみであろうと思います。

四　被控訴人の投稿の公益性を否認するための意味不明の推論

控訴人はここで、さらに次のような意味不明の主張を新たに展開しています。

「目的の公益性の認定に際しては、これらの点に鑑みて、被控訴人がＳＮＳ上で控訴人を誹謗・中傷するという行為が、（上記裁判例における）『公益に基づくというにふさわしい真摯なものであった』といえるのか、及び『その裏に、隠された動機として、例えば私怨を晴らすためとか私利私欲を追求するためとかの、公益性否定目的につながる目的が存しなかったかどうか等』について、『外形に表れていない実質的関係も含め』、改めて慎重な評価・判断が行われて然るべきである。」（p．29）

このような主張を控訴人から提示されても、おそらく裁判所は困惑するだけでしょう。なぜなら、控訴人は、「本件各ツイートの目的は公益を図ることにはなかった」と断定的に主張していながら、では具体的にどのような動機があったのかという問題については何一つ確たる論証をせず、（略）裁判所側で「判断が行われて然るべき」と、いわば「丸投げ」しているからです。

五　おわりに

以上、特に看過できないと思われた4点に絞って問題点を指摘いたしました。誠実な論理の構造を形成しない、その場しのぎの詭弁で煙幕を張るような控訴人の不誠実な主張を、毅然たる態度で排斥して下さるようお願いいたします。

◆三通目の陳述書：「人種差別撤廃条約」等に照らした控訴人のツイートの問題点

私が書いた三通目の陳述書は、第一章で紹介した私の二番目のツイートに画像として添付した、竹田氏の四つのツイート投稿内容について、それが一九六五年十二月二十一日に国連総会で採択され、一九六九年一月四日に発効（日本も一九九五年十二月十五日に加入を決定し一九九六年一月十四日に発効）した「あらゆる形態の人種差別の撤廃に関する国際条約（通称『人種差別撤廃条約』）」と、これに先だって一九六三年十一月二十日に国連総会で採択された「あらゆる形態の人種差別の撤廃に関する宣言」に照らして、人種差別に該当するかどうかを検証したものでした。以下は、その一部抜粋です。

同第1条の1には、

「この条約において、『人種差別』とは、人種、皮膚の色、世系又は民族的若しくは種族的出身に基づくあらゆる区別、排除、制限又は優先であって、政治的、経済的、社会的、文化的その他のあらゆる公的生活の分野における平等の立場での人権及び基本的自由を認識し、享有し又は行使することを妨げ又は害する目的又は効果を有するものをいう。」

と記されています【D】。

ここで留意すべきは、「条約」第1条の1（【D】）において示された「人種差別」の定義が、「平等の立場での人権及び基本的自由を認識し、享有し又は行使することを妨げ又は害する目的又は効果（英文ではeffect）を有するものをいうとされている事実です。

2　控訴人のツイート1とそれに寄せられた反応

控訴人のツイート1（乙11の1）は、

「韓国は、ゆすりたかりの名人で、暴力団よりたちが悪い国だ。そういう国とは、付き合わないのが一番。韓国は黙殺し、反論は国際社会に対してすればよい。」

というものであり、これは、2014（平成26）年2月12日午前11時43分に投稿されたものですが、この文面は【A】の「国家間の友好的かつ平和的な関係に対する障害」、【C】の「諸国間の友好的かつ平和的な関係に対する障害となること並びに諸国民の間の平和及び安全並びに同一の国家内に共存している人々の調和をも害するおそれがある」、【E】の「人種差別（形態のいかんを問わない。）を正当化し若しくは助長することを企てるあらゆる宣伝」に該当するように思われます。

そして、同ツイートに対して寄せられた、以下のような反応は、この控訴人のツイートが【D】において示された「人種差別の定義」における「効果」にも該当するものであるように思われます。

（a）@takenoma 少し高等な動物なら恩を感じる能力がある。韓国は動物としては爬虫類と同等レベル。（別紙5）

（b）@takenoma ほんと、おっしゃる通りです！ 歴史を盾に日本をゆすり続ける極悪非道の国です。（別紙6）

（c）@takenoma 竹田さん、初めまして。ヤクザは話せば分かります。民度の低〜い人種に残された道は、悪態のみ。よって、自滅するのを笑って見送りましょう〜。（別紙7）

（d）@takenoma 韓国も中国も盗人国家ですね（別紙8）

6 おわりに

以上の検証内容に基づき、私は自らが投稿した本件の対象となる一連のツイートに関し、控訴人の差別的な言説の数々を前提として行った、「差別をなくす」という公益性のある正当な批判的論評であったと確信しています。

もし、こうした批判的論評に不法行為責任を負わせられることがあるとするなら、「日本は差別的言動を繰り返す者を『差別主義者』と呼んで根拠と共に批判する人間が不法行為責任を負わせられる国」あるいは「社会から差別をなくす努力を放棄した国」ということになってしまうでしょう。控訴人の訴えを退けた原判決は、法理に加えて、「日本がそんな国であってはならない」という良識に基づく、至極当然の判断であったと思っております。

なお、私は本件ツイートを投稿する5年以上前から、人種差別撤廃条約の内容を承知し、日本政府の対応を注視してきました。その事実を明らかにするため、私が2014（平成26）年に投稿した3件のツイートを提示します（別紙21〜23）。

◈四通目の陳述書：「日韓関係が悪い状態の方が望ましい」という控訴人の主張について

竹田氏が過去にさまざまな差別的言動を繰り返してきた事実は、準備書面と陳述書で厖大な実例を挙げて指摘しましたが、私はこれらの事実に加えて、なぜ竹田氏がそのような差別的言説を常習的に発するのかという「動機」にも、一定の光を当てる必要があると思いました。そのような観点から書いたのが、四通目の陳述書でした。以下は、その一部抜粋です。

私は、本件ツイートを投稿する以前から、控訴人のさまざまな差別的言動と共に、日韓関係が悪化している状態が「望ましい」かのように語る控訴人の言説を、問題のあるものとして関心を寄せてきました。

そのような控訴人の主張は、日本と韓国が平和的・友好的な関係を維持して共栄をはかるという「公益」に明らかに反するだけでなく、韓国に対する差別や偏見の感情を、日本国内でさらにエスカレートさせる心理的効果を生み出す可能性があると考えられるからです。日韓関係が悪化している状態を「望ましい」かのように語る控訴人の主張（次項で詳しく説明します）は、韓国に対する差別や偏見を煽る言葉に一定の正当性を付与し、それがさらなる日韓関係の悪化を招くという「負のスパイラル」が形成されつつあるようにも思えます。

本陳述書では、私が控訴人の思想を「差別主義的」と論評した根拠の1つ（思想的背景）として、日韓関係が悪化している状態を「望ましい」かのように語る控訴人の主張について、その一貫した方向性に着目して検証いたします。

1　日韓関係のあるべき状態についての控訴人の考え方

控訴人は、「月刊ＷｉＬＬ」２０１４（平成26）年６月号（乙38）に掲載された室谷克実との対談記事「緊急対談『朝鮮日報』はサド『朝日』はマゾだ」でも、同様に、日韓関係の悪化を「日本にとって良い状態」等と述べていました。

「竹田　オランダのハーグで初の日米韓首脳会談が行われましたが、日韓関係が悪い状態は日本にとって良い状態なのであって、せっかく日本は韓国と仲が悪くなったのに、アメリカは本当に余計なことをしてくれたなと思いました。」（p.46）【D】

「竹田　『日韓友好に向けてとか、どうしたら首脳会談が実現するか』などと言う人もいますが、そのような人たちに『なぜ日韓友好が重要なんですか』と聞いても誰も答えられない。なのに韓国とは仲良くしなくてはならないとい

うテーゼだけが独り歩きしているわけです。」（p・50）

「竹田　（中略）したがって、下手に日本と喧嘩をしてしまうと、韓国は本当に困ることになるんです。日本は韓国との関係が悪化しても痛くも痒くもありませんが、韓国にとって日本との関係悪化は、国の将来を左右する大問題です。」（p・51）

控訴人は、自身のYouTubeチャンネル「竹田恒泰チャンネル2」でも、これらと同様、日韓関係の悪化を「望ましいもの」、日韓関係の改善努力を「すべきでないもの」と主張する内容を述べていました。

2　「韓国人客半減でも旅行収支黒字は過去最高」を「いい感じですね」と評する控訴人の考え方

控訴人は、韓国人の来日旅行者が半減したことを、あたかも「日本にとって望ましい状況」であるかのように、受け手に説明しています。

『観光白書』のデータを見れば、韓国からの旅行者は、前年比で減少したとはいえ、旅行消費額で4247億円、費目別旅行消費額の買物代では1000億円以上（図表によれば1006億円）を日本にもたらしており、もし韓国人の旅行者が日韓関係悪化の影響で減少していなかったとしたら、「過去最高の旅行収支」の額はさらに大きくなったであろうことは誰にでもわかる話です。

日韓関係が良好な状態になれば、より多くの韓国人旅行者が訪日することになり、日本にとっての利益も増大する、というのが、実際の因果関係です。「韓国からの旅行者の減少が、日本にとって望ましい展開」であるかのように語る控訴人の説明は、そうした事実に真っ向から反するだけでなく、日本という国の利益（国益）にも反します。

5　「人種差別撤廃条約」等と照らした控訴人の考え方

本陳述書において列挙した控訴人の発言や記述の数々を通読すれば、それらは明らかに「諸国間の友好的かつ平和的な関係に対する障害となる」もの、「国家間の友好的かつ平和的な関係に対する障害及び諸国民の間の平和及び安全をも害するもの」であったと認められるでしょう。

そして、控訴人が韓国に対する差別や偏見を煽ると認められる言説を繰り返し社会に発信してきた行為は、「日韓関係は悪化している状態が望ましい」という首尾一貫した思想に基づくものであったと解釈するのが妥当であろうと思います。もし控訴人が「日韓関係が悪化している状態は望ましいものではなく、改善すべきだ」との考えを有しているのであれば、私が本裁判の準備書面や陳述書で指摘してきたような数多くの差別的言説を、控訴人が社会に向けて執拗に発信し続けることはあり得ないと考えられるからです。

控訴人がテレビやネット動画、書物、SNSなどで繰り返してきた「日韓関係が悪化している状態が望ましい」かのような言説は、韓国人を侮辱し差別する言説と同様、韓国人に対する差別や敵意の感情を受け手の日本人に抱かせ、日韓両国間の人的交流に破壊的な悪影響を及ぼしうるものであり、公益の観点から、看過すべきものではないと思います。そのような言論は、言葉による暴力に他ならず、日韓友好を望む両国の多くの人々が大事に育てている花壇の花を、土足で踏みつける行為にも等しいように、私には感じられます。

日本の将来をより良い社会にするために、法理と良識に基づく公正な判断を下していただけるものと確信しています。

第九章

なぜ竹田氏は教育勅語にこだわるのか

戦後日本の教育現場から排除された教育勅語

◈なぜ竹田恒泰氏は「明治天皇の教育勅語」に執着するのか

第一章に記した通り、この裁判の発端は、富山県朝日町の教育委員会が企画した竹田氏の中高生向け講演を批判するツイートの投稿でした。

その後、この企画は「脅迫」によって中止に追い込まれたとのことでしたが、第一章で引用した毎日新聞の記事「富山・朝日町教委、竹田恒泰氏講演中止『教育勅語広める』授業に批判」の最後には、次のような文章がありました。

> しかし、今月に入って批判が相次ぎ、多い日で1日に十数件の電話やメールが寄せられ、町教委は7日、生徒の聴講中止を決定。10日には開催の妨害を予

告する趣旨の電話が町教委にかかり、講演会自体の中止を決めた。
インターネット上にも「なぜ教育勅語を復興させようとする竹田氏を呼ぶのか」「教育勅語のような考えを広める竹田氏の講演会を税金で企画して中高生を強制参加させることは憲法違反では」などの書き込みがあった。

これらの「ネット上の書き込み」をしたのが誰なのかは、記事では不明（私ではありません）ですが、ここで注目すべきは「朝日町の教育委員会が竹田氏を講師として招くことへの批判」の理由として、竹田氏が「教育勅語を復興させようとする」や「教育勅語のような考えを広める」人物だから、という論評がなされている事実です。

確かに、竹田氏は著書やネット動画などで繰り返し、教育勅語を礼賛し、現代の日本においてもなお教育的効果を持つものだと主張しています。

例えば、ニコニコ動画のテキスト配信サービス「ブロマガ」で、竹田氏は二〇一二年に「教育勅語はなぜ世界で認められたか？」というテキストを八回にわたって公開していましたが、十一月六日に公開された第一回の最後では、次のように書いていました。

やっぱり日本の教育が衰退していると言われますけども、『教育勅語』をもう一度復活させたら、日本の教育はかなり良くなるんじゃないかなと私は思っております。

それでは、竹田氏はなぜ、教育勅語という「過去の遺物」にいつまでも執着し、教育現場に復活させようとしているのか？

そもそも教育勅語とは、どのような「教材」なのか？

ご存知の方も多いかと思いますが、教育勅語とは大日本帝国時代の日本で、児童教育の「聖典」のような役割を果たした「教え」でした。

正式な名称を「教育に関する勅語」という教育勅語は、一八九〇年十月三十日に、明治天皇が山県有朋首相と芳川顕正文部相に与えた勅語（天皇が国民に下賜するという形式で発せられる意思表示で、大日本帝国時代には絶対的な権威を持っていた）でした。

文面そのものは、三一五文字から成る比較的短いもので、「皇室の祖先が確立した国家や道徳、残された教訓を褒め称え、その子孫（代々の天皇）と国民はそれらを共に守っていかなくてはならない」という、天皇の絶対的権威を前提とする「一般論」的な内容でした。

教育勅語の原文は、当時の文語体で道徳全般についての「教え」を説く内容でしたが、学校などの教育現場では、そこに記された「教え」の部分を「十二の徳目」という箇条書きの形にわかりやすく整理して、子供に教えられていました。

「皇室の先祖が築いた国」で、国民が忠義と孝行を尽くした行いを褒める「教え」に続いて示された「十二の徳目」の内容は、例えば「父母に孝行する」「夫婦は仲良く」「友人同士では互いに信じ合う」など、一般の人々が読んでもすぐ理解できるものでした。その中に、戦前戦中の日本人の思想を強く方向づける、次のような「教え」がありました。

一旦緩急あれば義勇公に奉じ以て天壌無窮の皇運を扶翼すべし

現在の言葉に訳すと「もし何か緊急事態が起きれば、国民は忠義と勇気を持って公のために奉仕し、その行いによって、永遠に続く皇室の運命を助け支えるようにせよ」というような意味になります。

◆現代の子どもが明治天皇の「勅語」を無視すべき理由

日本がアジア太平洋戦争に敗北して連合国に無条件降伏し、大日本帝国憲法に変わる新たな憲法として「日本国憲法」が施行されてから一年後の一九四八年六月十九日、国会の衆議院と参議院で「教育勅語の排除・失効の確認」がなされました。

その理由は、最終的に戦争と国の衰亡を招くことになった、大日本帝国時代の非民主的な教育方針への反省でした。衆議院で行われたのは「教育勅語等排除に関する決議」で、その内容は次のようなものでした。

> 民主平和国家として世界史的建設途上にあるわが国の現実は、その精神内容において、未だ決定的な民主化を確認できていないのは遺憾である。(中略)しかるに既に過去の文書となっている教育勅語並びに陸海軍軍人に賜わりたる勅諭その他の教育に関する諸詔勅が、今日もなお国民道徳の指導原理としての性格を持続しているかのごとく誤解されるのは、従来の行政上の措置が不十分であったがためである。

思うに、これらの詔勅の根本的理念が、主権在君並びに神話的国体観に基いている事実は、明らかに基本的人権を損い、かつ国際信義に対して疑点を残すもととなる。よって憲法第九十八条の本旨に従い、ここに衆議院は院議を以て、これらの詔勅を排除し、その指導原理的性格を認めないことを宣言する。政府は直ちにこれらの謄本を回収し、排除の措置を完了すべきである。

一方、参議院で同日になされた「教育勅語等の失効確認に関する決議」は、以下のような内容を含むものでした。

われらは、さきに日本国憲法の人類普遍の原理に則り、教育基本法を制定して、わが国家及びわが民族を中心とする教育の誤りを徹底的に払拭し、真理と平和とを希求する人間を育成する民主主義的教育理念をおごそかに宣明した。その結果として、教育勅語は、軍人に賜はりたる勅諭、戊申詔書、青少年学徒に賜はりたる勅語その他の諸詔勅とともに、既に廃止せられその効力を失っている。

しかし教育勅語等が、あるいは従来のごとき効力を今日なお保有するかの疑いを抱く者があることをおもんばかり、われらは特に、それらが既に効力を失っている事実を明確にするとともに、政府をして教育勅語その他の諸詔勅の謄本をもれなく回収せしめる。

われらはここに、教育の真の権威の確立と国民道徳の振興のために、全国民が一致して教育基本法の明示する新教育理念の普及徹底に努力をいたすべきことを期する。


この二つの決議に共通しているのは、教育勅語で述べられている「教育理念」は、基本的人権の尊重や民主主義的な教育理念などの、日本国憲法と教育基本法の内容にまったく反するものだという認識でした。それを考えれば、戦後の学校教育の現場から、教育勅語という「基本的人権を損い、かつ国際信義に対して疑点を残すもととなる」理念を子どもに植え付ける教材が「排除」されるのは当然のことでした。

戦後の日本国憲法は第一条で天皇を「日本国の象徴であり日本国民の象徴」と定めていますが、第四条で「国政に関する権能を有しない」とされ、教育方針にあれこれと口を出すことを禁じられています。それゆえ、戦後の天皇は一度も、教育勅語のような政治思想教育の文書や「教え」を出してはいません。

つまり、戦後の日本では「天皇が子どもに正しい道徳を教える教育勅語」という概念が成立する余地は、どこにもないのです。

もしどこかの学校で、教師が「教育勅語に基づく教育」を行ったなら、その瞬間に憲法と衆議院・参議院での排除・失効決議に違反する行為を行ったことになります。

そして、戦後の日本国では、学校で学ぶ子どもたちも、過去の大日本帝国時代とは異なり、天皇の言うことに従う義務をまったく負っていません。教育勅語の文面を見て「ここは正しいと思うが、この部分は間違っていると思う」と批判するのも自由です。

今を生きる日本の子どもたちにとって、明治天皇とは「日本国憲法ができるより前の古い時代に天皇だった歴史上の人物の一人」でしかありません。であるなら、どうして現代の子どもたちが「明治天皇の教え」に服従しないといけないのでしょうか。

訴状に「原告は明治天皇の玄孫」と書いた竹田氏側の弁護士

◈負ける可能性のある裁判で「明治天皇」の名を出すリスク

そもそも、教育勅語の実際の文章を作成したのは、井上毅（フランスへの留学経験を持つ内閣法制局長官）と元田永孚（天皇の側近である儒学者）であり、明治天皇が自分で文章を考えて書いたものではありませんでした。

もし、現代の日本の学校で教育勅語を子どもに教えるのであれば、こうした事実と共に「かつての日本、つまり大日本帝国では、天皇が絶対的な存在として君臨していたので、大日本帝国政府が『天皇の教え』という形で国民向けに発した教育勅語の内容を誰も批判できず、当時の国民はそこに書かれた『戦争における自己犠牲』の教えに従うことを事実上強制されました」という負の側面についても説明する必要があります。

けれども、竹田氏は第七章で引用した『中学　歴史　平成30年度文部科学省検定不合格教科書』の中で、教育勅語を全面的に肯定する説明をしていました。

（大日本帝国）憲法発布の翌年、明治天皇は教育の荒廃を案じ、教育勅語を発しました。ここには、先人たちが大切にしてきた人としての生き方が書かれています。多くの国民はこれをよく守り、修身道徳の根本規範としました。（p・155）

竹田氏が、この本を「中学生向けの教科書」として制作したことを考えれば、竹田氏に中高生向けの講演を行わせるという富山県朝日町教育委員会の企画を「教育勅語を復興させようとする竹田氏」「教育勅語のような考えを広める竹田氏」として批判することは、戦後の日本国憲法下の日本においては理にかなった行動であると言えます。

では竹田氏はなぜ、明治天皇の「教え」とされた教育勅語を礼賛するのか。

すでにご存知の方も多いかと思いますが、竹田氏は明治天皇の「玄孫」であり、著書のプロフィールなどの経歴紹介の文に「明治天皇の玄孫に当たる」と書いています。

もし彼が、明治天皇の玄孫という自分の立場を自己宣伝のキャッチコピーのように利用しているのであれば、当然のことながら、明治天皇とその業績について、彼が批判的あるいは否定的に語ることはまずないでしょう。なぜなら、明治天皇の「権威」や「価値」が下がれば、その玄孫という立場をアピールする上でマイナスになってしまうからです。

逆に、もし教育勅語が日本全国の学校で教材として復活すれば、大日本帝国時代と比較して戦後の日本社会では低下した明治天皇の「権威」が上昇し、明治天皇の玄孫という立場の日本社会における「アピール効果」も高まることになります。

つまり、教育勅語が戦後の日本社会で「復権」できるか否かは、竹田氏自身の利害とも無縁であるとは言えない側面があるのです。

ところで、私はこの裁判が始まった時、相手方弁護士の出してきた「訴状」を読んで、驚いた箇所がありました。二〇二〇年一月二十日付で作成された「訴状」の2頁に、次のような見慣れたフレーズが書かれていました。

原告は、作家で明治天皇の玄孫にあたり、

え？　裁判では当事者の経歴で「誰々の子孫にあたり」とか書くものなの？

この裁判では、訴状の内容と明治天皇はまったく何の関係もないはずなのに。

竹田氏の代理人弁護士がどんな意図でこの文言を入れたのかは不明です。まさか原告が「明治天皇の子孫だ」と言えば、裁判官が判決で「配慮」してくれる、と思ったわけではないだろうとは思いますが、私には、これを書く合理的な理由が思いつきません。

そして、竹田氏は当然、裁判所に提出される前に、この「訴状」を目にしているはずだと考えられます。竹田氏は、裁判の始まりの「訴状」で必要もないのに明治天皇の名前を出すリスクについて、その重大さを認識しているのだろうか、と私は訝りました。

裁判というのは、どちらが勝つか、判決が出るまでわからないものです。原告も被告も自分の勝訴を信じて戦いつつ、自分が敗訴する可能性がゼロではないという現実も、頭の片隅に留めておかなくてはなりません。

竹田氏は、自分が裁判に負けた時のことを何も考えていないのだろうか？

もし裁判で竹田氏が敗訴すれば、「訴状」に明治天皇の名前を自分と結びつける形で出したことで、彼は自らの行いによって、明治天皇の名誉や威信を傷つけ、泥を塗ることになります。竹田氏が一審、控訴審、最高裁とすべて負け続ければ、そのたびに明治天皇の名誉や威信に傷がついてしまいます。論理的にはそうなるはずです。

彼は、そうした可能性を「リスク」として全然想定していないのだろうか？

実際にそんな展開になった時、彼はどんな風にその責任をとるつもりなのか？

◆「君が代斉唱」を途中で止めてしまった竹田氏

竹田氏は、自分が明治天皇の玄孫であるという地位をアピールしつつ、天皇や皇室についての著作を上梓したり、関連のイベントに登壇したりしています。

こうしたことから、竹田氏を「天皇と皇室の問題についての専門家」と見なす人は多いと思いますし、竹田氏自身も機会があるごとに、自分がいかに天皇や皇室を敬愛しているかという思い入れの強さを、さまざまな形で表現しているようです。

私も、この裁判が始まるまでは、そんなイメージを抱いていました。

しかし、裁判が始まり、朝日町で予定された内容と同じだという講演の動画（二〇一九年十一月十三日に竹田氏が公開）を確認して、「おや？」と疑問を感じました。

第五章で述べた通り、その動画は「日本はなぜ世界でいちばん人気があるのか」と題されていましたが、開始から一〇分四八秒が経過したところで、彼は急に話を中断して、次のような言葉を述べ始めました。

あっ、あっ、ちょっと、国旗掲揚するのを忘れてましたね。（スーツの襟に国旗のバッジを付けながら）き～み～が～あ～よ～お～は～、ち～よ～に～い～や～ち～よ～に、ということで、全部歌うとちょっと時間があれですから、ここで、させていただきますけど。

あ、私これ（国旗のバッジ）ですね、付けっぱなしじゃないんです。日没で、国旗降納するんですよ。会合とかの時には、まだ、帰るまでは付けてますけども、日没の時に、国旗降納をします。ですから、ちょっとうっかりすると、付け忘れて出ちゃうことあるんですけれどもね。

私はこの動画講演の内容をすべて文字に起こして、準備書面と陳述書の証拠として裁判所に提出しましたが、私は竹田氏が講演の途中で急に日の丸のバッジを取り出して「国旗掲揚」と称する行動をとったの観て、強い違和感を覚えました。

スーツの襟に日の丸のバッジを付けることが「国旗掲揚」に当たるのか、という疑問もありますが、それ以上に大きな違和感は、彼が日本国国歌の「君が代」の歌詞を、途中であっさりと端折ってしまったことでした。

改めて説明するまでもなく、「君が代」の歌詞は『古今和歌集』の古歌で、大日本帝国時代には「天皇の治世が未来永劫続くこと」を願う歌として神聖視されていました。大日本帝国より前の時代には、そこで歌われる「君」という言葉は必ずしも天皇だけを指すものではなかったとされますが、大日本帝国時代においては事実上、「君」は天皇を意味するとの解釈で扱われました。

例えば、一八九七年十一月十九日の陸軍省達第153号では『君が代』は（天皇）陛下および皇族に対し奉る時に用ゆ」と規定されていました。

それゆえ、大日本帝国時代には、「君が代」は日の丸の国旗と同様、ないがしろに扱うことは許されず、歌詞の最後まで通しで歌わずに途中で端折る者がいたなら「天皇への不敬だ」として、厳しい批判と社会的攻撃を受けていたであろうと想像できます。

しかし竹田氏は、「全部歌うとちょっと時間があれですから」という理由で「君が代」の歌詞を最後まで歌わず、途中で端折ってしまった。その行動は、意外であったのと同時に、ひとつの疑問を私の頭に生じさせました。

この人は本当に、天皇や皇族に深い敬意を抱いているのだろうか、と。

第十章

東京高裁での全面勝訴と竹田側の上告

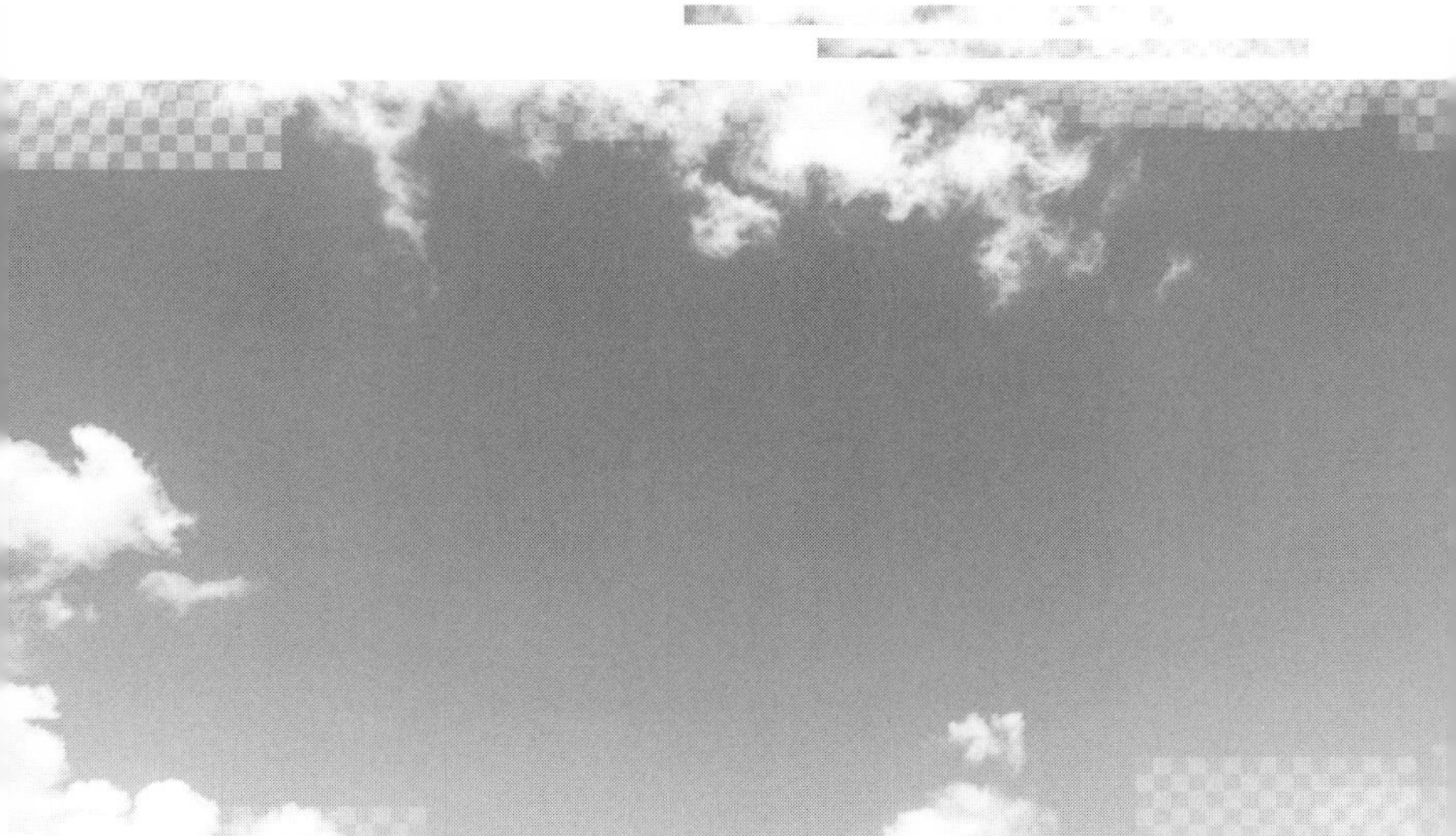

東京高裁で言い渡された、全面勝訴の判決

◈ただ一度の「期日」で結審した控訴審

二〇二一年五月二十七日、東京高等裁判所（高裁）で「控訴審第一回期日」が行われ、佃さんが「控訴答弁書」と「被控訴人第1準備書面」、および私の陳述書四通を提出しましたが、驚いたことに、竹田氏側の弁護士は準備書面を一通も提出せず、弁論はこの期日だけで終結して、判決言い渡しの期日は八月二十四日と決まりました。

竹田氏本人の陳述書も、一審では計一一通で厚さ六センチにも達する厖大なものでしたが、控訴審ではA4サイズで一〇ページの薄いものが一通提出されただけでした。それが佃さんの事務所にFAXで届いたのは、第一回期日の前日夕方でした。

こちら側は五月六日付で作成された「控訴答弁書」において、竹田氏側の主張内容を踏まえた上で、次のような根拠に基づく反論を行いました（一部抜粋）。

最高裁判例を挙げておく。最1小判1989（平成元）年12月21日（民集43巻12号2252頁）である。

この判決は、最高裁で初めて公正な論評の法理を採用したものと言われているが、同判決は、

「公共の利害に関する事項について自由に批判、論評を行うことは、もとより表現の自由の行使として尊重されるべきものであり、その対象が公務員の地位における行動である場合には、右批判等により当該公務員の社会的評価が低下することがあっても、その目的が専ら公益を図るものであり、かつ、その前提としている事実が主要な点において真実であることの証明があったときは、人身攻撃に及ぶなど論評としての域を逸脱したものでない限り、名誉侵害の不法行為の違法性を欠くものというべきである」

との規範を提示した後のあてはめの場面において、

「本件ビラを全体として考察すると、主題を離れて被上告人らの人身攻撃に及ぶなど論評としての域を逸脱しているということもできない。」

としている。
つまりこの最判も、論評の域の逸脱の有無につき、主題を離れて攻撃するものであるかどうかを問題としているのである。「人身攻撃」該当性は、主題とは無関係に攻撃するものであるかどうかによって決まる、と言っているわけである。

憲法学者である佐藤幸治が、公正な論評の法理につき、表現の自由の趣旨に照らした解釈として、
「公共性のある事項についての論議は、その立脚する事実の主要部分において真実かもしくは…真実性を推測させるに足る程度の相当な合理的根拠・資料に基づいたものである限り、単なる人身攻撃ではなく正当であると信じてなされた場合には、その用語、表現が相当激越、辛辣で、その結果として被論評者に対する社会的評価が低下することがあっても、…表現の自由として憲法によって保障されると解される」

と述べている（乙34・452頁）。
このことからも分かるとおり、「表現が相当激越、辛辣」であっても免責する、というのが公正な論評の法理なのであって、表現の「行き過ぎ」をもって〝論評の域〟を逸脱していると判断することは誤りなのである。

五月二十七日付で作成された「被控訴人第1準備書面」では、冒頭でこの書面の趣旨について、次のように説明しました。

この主張の趣旨は、抗弁事由を新たに追加するものではなく、控訴人が以前から方々で一貫して、「自国優越思想」や、外国・外国人に対する「差別」・「人権侵害」にあたるような見解を披瀝してきていることを明らかにし、もって、被控訴人の論評を〝公正な論評〟であるとした原判決の判断に一点の曇りもないことを明らかにするものである。

その上で、竹田氏の発言について、このような指摘と批判を行いました。

「あと重要なのは、在日の人を味方につけることだと思います。韓国が国際社会に向かって『日本は悪いことをした』と発言したことに対して、…在日の方が『韓国政府が言っていることは間違いだ』と韓国語と日本語で世界に発信してくれたら、非常にリアリティがあって受け手の印象が違ってくると思うんです」

と述べたり、

「在日韓国朝鮮人のなかには反日に染まった人たちもたくさんいますが、その半面、心から親日の気持ちを持ち合わせて普通の日本人よりも国士と言えるような人も大勢います」

とか

「理解する努力から始めたほうが日本の国益に繋がると思うのです」

と述べたりしている。

これは畢竟、在日韓国人につき、控訴人の言う「親日」的な人のみが交際・

交流に値し、そういう人を味方につけることが「日本の国益」につながる、と言っているにほかならない。

つまり控訴人は、韓国とは交流を断つことを基本としつつ、例外的に、「日本の国益」にかなう人とのみ交流すべきだと述べているのであり、在日韓国人に対し、各人を個人として尊重するという発想を全く持っていないのである。

◆東京でのコロナ感染拡大による上京見送りの判断

私は「控訴審第一回期日」が行われた五月二十七日の午後八時五〇分、判決予定日の上京予定についてのメールを、佃さんと内田さんに送信しました。

> 佃さま、内田さま
> こんばんは。判決日の件、了解しました。今回も、私は前日（8月23日）に上京して一泊し、判決当日に名張へ帰る形で予定を組みます。前回同様、

前日の夕方に佃さんの事務所で軽く打ち合わせをする形ではいかがでしょうか。
また、判決後には前回同様、差別的言説との戦いというテーマで記者会見をできたらと思うのですが、可能でしょうか。

私は五月末の時点で、判決言い渡しの日に上京するつもりでした。ところが、東京オリンピック・パラリンピックが開幕した七月二十三日の少し前から、東京でコロナ感染者数が爆発的に増加し、東京での新規感染者数は、七月二十七日に二八四八人、二十九日には三八六五人へと急激に増加しました。
このような情勢変化を受けて、私は八月一日の午後三時四一分に、次のようなメールを内田さんに送信しました。

竹田との裁判の控訴審判決まで一か月を切り、往復の新幹線をネットで予約しました。ホテルの予約も既に済ませてあります。ただ、三重県名張市はワクチン接種が遅れていて、私は一回目の接種すら、いつ受けられるかわからない状況です。
東京五輪の開幕後、東京でデルタ株の感染者が急増し、ずっと増え続けているような状況ですが、8月に入っても事態が好転せず、危機的状況が続くなら、私が判決を裁判所で聞いて記者会見を行うために上京するという計画も、再考する必要が出るかもしれません

そして八月十三日午後五時一四分、私は「コロナ感染拡大による上京見送り」という自分の判断を伝えるメールを、佃さんと内田さんに送信しました。

こんばんは。再来週の控訴審判決に合わせた上京の件ですが、その後も東京やその他の地域での感染拡大が収まる兆しが見られず、またデルタ株は空気中の飛沫（エアロゾル）でも感染するとのことで、現状ではやはり上京は見送りとするのが最善であるように思います。（略）

残念ではありますが、いまこの感染状況と医療体制逼迫の中で敢えて三重から名古屋経由で上京するのは、ある種の賭けのようなもので、無謀であると考えます。なにとぞ、ご了解いただければ幸いです。

私のワクチン接種は、8月11日にようやく申し込みが始まり、8月16日（月）に一回目の接種を受けることになりました。2回目の接種は9月初めで、抗体ができるのは9月後半以降になる感じです。（略）

判決後の記者会見については、予定していた形ではできなくなりましたが、社会的な公益性も視野に入れた裁判闘争なので、判決を踏まえたコメントは、何らかの形で出すべきだと思います。今回も、公正で良識的な判決が下されるものと確信していますが、一審に続いて二審でも裁判所がこちら側の主張を認める判決となれば、一審の時よりもさらに踏み込んだ話を社会に発信してもいいように思います。

◆東京高裁での勝訴判決と「ネット動画でのインタビュー」

八月十三日午後六時二分、佃さんからの返信メールが届きました。

上京見送りの件、承知致しました。

コロナの現状に照らせば極めてもっともなご判断であると思います。

私の方は、会見は予定通り実施し、山崎さんからはコメントを頂き、会見の場で伝えたいと思います（記事になる場合に現実に載るのはご本人のコメントですので）。

当日は午後2時に会見を予約しております。

午前11時45分に判決言渡しですので、12時30分頃までには判決のPDFをお送りできると思います。

で、お読み頂き、午後1時30分頃までにコメントを頂ければ、午後2時の会見に間に合います。

以上は、判決言渡し日の判決報道のための情報発信の話です。

山崎さんが下記で想定されている「さらに踏み込んだ話」の発信は、たとえば、山崎さんと内田先生が本件について語る動画（あまり長いと見てもらえないので、長さは10分が限度）を作成し、それを支える会のHPにアップする、というのはいかがでしょうか？

この提案に、内田さんも私も賛同し、判決後にネットで公開する動画の準備に着手しました。八月十五日の夜、私は友人でジャーナリスト（東京新聞記者）の望月衣塑子さんに、「判決が出た日かその翌日辺りに、佃さんと内田さんと私の三人、または内田さんと私の二人（佃さんが何らかの理由で参加されない場合）で、判決内容とそれに関連する社会へのメッセージなどを語る動画を収録する」というアイデアを提案し、「インタビュアーのような形で参加してもらうことは可能でしょうか？」と尋ねました。

私が望月さんにも加わって欲しいと考えた理由は、二つありました。一つは、東京地裁での一審判決後に行った記者会見を、一番ていねいに（ネット版の記事は会見全編を収録した動画付きで）報じてくださったこと。そしてもう一つは、私のツイートをリツイートしたとの理由で、竹田氏が望月さんにも「訴訟の脅し」をかけていたことでした。

竹田氏は、二〇二〇年一月二十三日午後七時一一分に「訴訟予告」と明記し、望月さんに対して「貴殿は私の名誉を毀損する山崎雅弘氏のツイートをリツイートし拡散しました。（略）今のところ貴殿から謝罪がありません。納得のいく謝罪がない場合、訴訟を提起します」という内容のツイートを投稿しました。

望月さんは、最初「自分は判決を聞いて記事を書く側なので」という理由で躊躇されていました（それは記者として一理ある態度だと思います）が、「判決が出た後なら問題ない」ということになり、「聞き手」のような形で参加してもらえることになりました。

二〇二一年八月二十四日の午後一一時四五分、東京高裁の第825号法廷で、控訴審の判決が言い渡されました。

一審の原判決を支持し、竹田氏の控訴を棄却する、こちら側の全面勝訴でした。

同日午後二時、佃さんは前回と同じ司法記者クラブで単独の記者会見をされ、内田さんと私が勝訴判決を聞いて急ぎ用意したコメントをその場で読み上げられました。

控訴人の差別主義的な言動について、原判決よりさらに踏み込んできびしくとらえた判決でした。差別主義者は公的な場に立ったり、公教育に関与する資格がないという山崎さんの意見が「合理的な論評」であると再確認されたことの歴史的な意義は大きいと思います。

（内田さん）

原判決よりもさらに明確に、私の一連の投稿が、社会から差別をなくすという公益に寄与する公正な論評だと認められました。東京地裁の判決に続き、東京高裁でも公正かつ良識的な判決が下されたものと認識しています。（山崎）

翌八月二十五日、望月さんを「インタビュアー」とする形で、内田さんと私が判決内容についてコメントする動画を、リモート会議アプリの「ZOOM」で収録しました。九月一〇日、私は約一時間の録画内容を一三分ほどに自分で編集した「ショートバージョン」の動画を、新たに開設したYouTubeアカウントで公開しました。内田さんは、その中で判決内容の論評とは別に、このような指摘をされました。

二一世紀の二〇二一年、差別的な言辞についての「ここまでは許されるけれども、ここから先は許されない」という世界標準は、「差別は絶対許されない」というところまで変化しているが、日本のメディアはそれに対して非常に鈍感である。その（差別的な発言をする者に発言機会を与える）メディアの問題が、今回の裁判によって可視化された。

私は、望月さんからの「竹田氏側から出された準備書面や陳述書を読んでどう感じましたか？」との質問に、次のように答えました。

これは僕の私見ですが、率直に言って「論理的に筋が通っているな」と思うものは一つもなかったですね。端的に言えば、僕の認識では「詭弁」です。裁判の途中では「そこを突かれたらこちらはぐうの音も出ないな」という論理的に筋の通った主張をされたらどうしよう、と不安でしたが、結局それは一つもなかったです。

そして私は、今回の判決と差別の問題について、こう述べました。

今回の判決で示されたのは、差別的な発言を繰り返す人間を「差別主義者だ」と呼ぶのは「公正な論評だ」という、ごくごく当たり前の話ではあるんですけど、ただ、それが通用しない社会になっているのは確かだと思うんです。

差別の何が問題かと言うと、差別がのさばる社会というのは、結局誰にとっても不利益なはずなんです。一時的に、「自分は差別する側だ」と勘違いして、安心感を得るというのは錯覚です。歴史に学んで長いスパンで見ると、差別を容認する社会よりも、容認しない社会の方が、ほとんどの人にとって、全体としては利益になるんですね。

諸外国では法的に禁止されているスラップ訴訟

◆東京高裁で言い渡された勝訴判決の内容

控訴審の判決は、内容の全てを一から書き起こしたものではなく、東京地裁の裁判官が下した原判決（地裁判決）をベースに、言葉や表現を修正したり、必要な文言を追加する形式になっているので、それ単体で読んでもわかりにくい部分があります。

けれども、内容全体として、原判決の内容をほぼ踏襲した上で、さらに明確な形で、本裁判の争点となっている私の一連のツイートが「公正な論評である」ことを改めて認定する趣旨となっていました。

例えば、原判決のp.48に記されていた「そして、前記認定事実（1）及び（2）のとおり、原告（竹田氏）が講演会を複数回実施したり複数の著書を出版したりするなど、社会的に相当程度の影響力を有していたことや、前記認定事実（2）のとおり、原告自身も他国や他民族、原告と意見を異にする活動者等に対する批判的意見を加える際に、あえて攻撃的で侮蔑的ともとれる表現を多数使用し、読者が感得する当該批判的意見の対象への否定的評価をより一層高める手法を少なくない頻度で用いており、このような表現の内容・態様に鑑みると、原告としても、一定の批判は甘受すべきであったといえる。」という文章は、控訴審判決のp.7において、次のように修正されました。

そして、前記認定事実（1）及び（2）のとおり、原告が講演会を複数回実施したり複数の著書を出版したりするなど、社会的に相当程度の影響力を有していたことや、前記認定事実（2）のとおり、原告自身も他国や他民族、原告と意見を異にする活動者等に対する批判的意見を加える際に、あえて攻撃的で侮蔑的ともとれる表現を多数使用し、読者が感得する当該批判的意見の対象への否定的評価をより一層高める手法を少なくない頻度で用いていたことに鑑みると、被控訴人（山崎）が、上記のような手法をも用いる控訴人（竹田氏）の活動ないし言動に関し、「人権侵害常習犯の差別主義者」等の強い表現を用いて批判的な意見ないし論評を表明したことも、ツイートとして相当と認められる範囲内にとどまるというべきである。

修正された箇所は、後半の「少なくない頻度で用いて」以降ですが、比較されればおわかりの通り、控訴審判決は原判決よりもさらに踏み込んだ形で、私が投稿した「人権侵害常習犯の差別主義者」という批判的論評が「ツイートとして相当と認められる範囲内にとどまるというべきである」と明確に認定しています。

また、控訴審判決のpp.7-8では、原判決で上記に続く「以上の事情を考慮すれば、被告（山崎）による本件各ツイートの表現が、意見ないし論評の域を逸脱するものとは認められず、原告の前記主張を採用することはできない。」という文章の後に、改行して次のような文章を新たに追加しています。

なお、控訴人（竹田氏）は、名誉毀損の表現が意見ないし論評の域を逸脱するか否かの判断に当たっては、その前提として、名誉毀損の表現が人身攻撃に該当するか否かに関する認定をすることが不可欠であり、本件については、専ら本件各ツイート中の名誉毀損の表現を、個別に又は一連のものとして捉えて、控訴人に対する人身攻撃に当たるかどうかを判断すべきである旨主張し、また、被控訴人（山崎）が本件各ツイートにおける表現を用いる必然性及び相当性があったかどうか、被控訴人の意見ないし論評に合理性があったかどうかを判断すべきである旨主張する。しかし、本件ツイートの表現それ自体で控訴人に対する人身攻撃とみられる内容であるとまではいえないし、被控訴人による本件各ツイートが、被控訴人の私的な感情に基づいて、控訴人の評価をおとしめたり、控訴人の講演会の実施を妨げたりする目的で行われたなど、控訴人に対する人身攻撃としてされたものであることを認めるに足りる証拠はない。既に述べたところからすれば、本件各ツイートの表現が控訴人の言動や表現方法等から導かれる意見ないし論評として不相当又は不合理なものとまでいうことはできない。控訴人の上記主張も採用することはできない。

◆スラップ(SLAPP)訴訟とはなにか

先ほど紹介した控訴審勝訴後のインタビュー動画で、内田さんは改めて、今回の訴訟が「スラップ訴訟」だとして、厳しく批判されました。

内田さんは、東京地裁での一審勝訴（二〇二一年二月五日）後の記者会見でも、竹田氏が起こした裁判を「スラップ訴訟」と論評し、次のように厳しく批判されていました。

（竹田氏は）明らかにスラップ訴訟であるということを誇示している。（略）裁判に要する費用や、陳述書を書いたりする厖大な時間を、彼（山崎）は使ったわけです。（略）彼（山崎）の場合は決して裕福な人間ではありませんので、これによって本業に多くの支障を来したのは間違いない。

実は私も、二〇二〇年一月二十九日の午前〇時五八分に、ツイッターで次のようなメッセージを内田さんに送信していました。

竹田の意図については、ＳＬＡＰＰ訴訟（資金力のある組織や個人が、批判や反対意見を言論的に封じるために行う高額訴訟、およびそのような訴訟を起こすことで相手や第三者を恫喝し、萎縮させて自分への批判を封じること）という側面も大きいように感じています。

この「スラップ（SLAPP＝Strategic Lawsuit Against Public Participation）訴訟」は、日本ではあまり広く知られていない言葉だと思いますが、二〇二二年十一月二日の東京新聞（ネット版）の「口封じが目的『スラップ訴訟』の悪質さ　ＳＮＳでもトラブル注意　旧統一教会が放送局などに賠償求め提訴」という記事の中で、その概要が説明されていました。

記事は、「世界平和統一家庭連合（旧統一教会）が、有田芳生元参院議員と紀藤正樹弁護士、民放2局に対して名誉毀損訴訟を起こしたことなどに、『教団批判を萎縮させる効果を狙ったスラップ（口封じ）訴訟だ』との批判が上がっている」という文章で始まるもので、「米国では半数近い州で反スラップ法制定」として、次のように説明しました。

では、スラップ訴訟とは何か。

専修大の内藤光博教授（憲法学）によると、1980年代に米国で問題視されるようになったといい、特徴は、財政・組織・人材などで優位に立つ側が、表現の自由で保障されている意見表明行為（集会、デモ、記事）に対し、名誉毀損などを主張して多額の賠償金を請求する点だ。内藤氏はこう指摘する。「本当の目的は言論活動を萎縮させるいわばどう喝。さらに、潜在的な発言もためらわせる。訴訟の勝敗にこだわっていない点も悪質だ」

内藤氏によると、米国では、半数近い州で反スラップ法が整備されているという。例えば、被告がスラップ訴訟であると申し立てれば、裁判所が原告に勝訴の見込みを立証させる。スラップと判断されれば裁判は打ち切られる。「裁判を受ける権利は憲法で保障されているが、スラップ訴訟はそれを悪用したもの。日本では、スラップ訴訟への認識が薄く、被告側が『違法な訴訟である』と改めて提訴しなければならない」と内藤氏が現状を説明する。

また、東洋経済が二〇一〇年二月二日に公開したネット記事「スラップ訴訟をどう抑止していくか　『反社会的な行為』という認識を広めることが重要」という記事では、アメリカで「SLAPP」という概念を提起したデンバー大学のジョージ・プリング教授とペネロペ・キャナン教授の立論を基に、スラップ訴訟の悪質さについて説明していました。

（1）刑事裁判に比べて裁判化が容易な民事訴訟である。被告にとっては刑事告訴がより深刻だが、民事訴訟は、紙一枚を書いて裁判所に行けば起こせ、相手にコストを負わせやすいという面がある。誰にでも使える合法的恫喝であり、だからこそ危険である。

（4）その公的問題について公的発言をした者が標的とされ、提訴される。

（5）提訴する側は、資金、組織、人材などの資源をより多く持つ、社会的に比較強者である。

（6）提訴される側は、それらの資源をより少なくしか持たない比較弱者である。

（7）提訴によって金銭的、経済的、肉体的、精神的負担を被告に負わせ、苦痛を与える。つまり、弁護士費用、時間の消費、肉体的・精神的疲労などを被告（被害者）に負わせ、疲弊させ、反対・批判を続ける意欲や能力を失わせる。それにより、被告が公的発言を行うことを妨害する。また、被告が団体の場合には、団結を乱し、分断し、分裂させることを狙う。

（9）訴えられていない反対者・批判者も、提訴された人たちが苦しむ姿を見て、公的発言をためらうようになる。これを chilling effect（冷や水効果）という。

（10）提訴した時点で批判者・反対者に苦痛を与えるという目的は達成されるので、原告側は裁判の勝敗を重視しない。つまり、訴訟に勝つことは必ずしも目的ではない。

◇私が今回の裁判を「スラップ訴訟」と確信するに至った経過

第二章の冒頭で紹介した、内田さんへのメッセージが示す通り、私はこの裁判が始まる前の時点で既に、竹田氏が内田さんを標的とした「スラップ訴訟」を起こしてくる可能性があると考えていました。

竹田氏による私への訴訟も「実質的にはスラップ訴訟なのではないか」という疑いを、私がはっきりと持ち始めたのは、東京地裁での裁判が始まり、内田さんが裁判費用の寄付の呼びかけ（第四章を参照）をしてくださった頃、つまり二〇二〇年三月頃でした。

正式な募集を開始する前の三月二十一日に、内田さんは私の裁判費用についての寄付を広く呼びかける意向をブログに書かれていました。それを見た竹田氏は、二〇二〇年三月二十二日午後一一時二五分に「裁判費用を募集しているとか笑わせる。私はしがないラーメン屋だが自分の裁判費用を他所様に出してもらうほど耄碌していない」という文言を含むツイートを投稿しました。

また、同年三月三十日午前一時五二分に投稿した私宛の返信ツイートで、竹田氏は「自分の訴訟費用くらい自分で出せなければ、言論人として恥ずかしい」という言葉も書いていました。

この竹田氏の二つの投稿を読んで、私は「あれ?」と疑問を感じました。

原告であれ被告であれ、裁判の当事者にとって重要なのは、裁判官に自分側の主張を認めてもらい、自分側の勝訴という判決が下されることです。

その法廷闘争において、相手側がどんな形で裁判費用を用立てるかなんて、普通は気にしません。というか、気にする理由がありません。裁判費用の寄付(カンパ)を支援者や一般の人から広く募るのも、特に珍しいことではないはずです。

ところが、竹田氏はなぜか私が裁判費用の寄付を受けることについて、「笑わせる」とか「耄碌」などと、嘲りの言葉を私に投げています。

「自分の訴訟費用くらい自分で出せなければ、言論人として恥ずかしい」というのも頓珍漢な主張です。この裁判は「竹田氏が勝手に私を提訴したもの」であって「私が起こした裁判」ではありません。なので「自分の訴訟費用くらい」という前提からして的外れな言いがかりです。

では、なぜ竹田氏は、私が裁判費用を募集することに対し、こんな反応を示したのか。

竹田氏はなぜ、私が裁判費用を誰かの援助を受けずに自分一人で出さないと「言論人として恥ずかしい」かのような、勝手な言い分をわざわざ私に寄こしたのか。

合理的に考えれば、「裁判費用の負担を私一人に背負わせる、という目論見が外れた」からだという説明が一番自然であるように思います。もしそうでなければ、私が裁判費用を自分で負担しようが寄付に頼ろうが、竹田氏がけちをつける理由がないからです。

竹田氏は、私と同じように朝日町で予定されていた中高生向けの講演を批判していた別のツイッターアカウントに対しても、訴訟をほのめかす投稿をしていましたが、二〇一九年十一月十三日の午前八時五五分に投稿したツイートで、彼はこう書いていました。


（略）貴殿は私の訴訟に耐えられるかな？


訴訟で勝てるかな、ではなく、訴訟に「耐えられる」かな、という竹田氏の言葉は、彼が訴訟という手段によって相手に「金銭的・心理的負担」を課すことを意識している事実を示唆しているように思います。

これは、典型的なスラップ訴訟の思考パターンであり、先に紹介した内田さんの一審勝訴後の記者会見における「スラップ訴訟」発言も、この竹田氏の「貴殿は私の訴訟に耐えられるかな?」という言葉が物語る彼の「訴訟観」を踏まえたものでした。

そして私は、舞台を東京高裁に移して行われた控訴審で、竹田氏側の弁護士が「控訴人準備書面」を一通も提出しなかったこと、竹田氏の陳述書も全然やる気が感じられないものであったことから、今回の裁判は「スラップ訴訟」だと確信しました。

そんなことを考えていた時、佃さんからメールが届きました。

二〇二一年九月六日の午後三時六分に届いたメールには、こう書かれていました。

さきほど裁判所から電話があり、竹田氏が上告をしたそうです!!

さっそく上告審の委任状をお送り致します。

上告審には、憲法違反等を争う「上告事件」と、判例違反等を争う「上告受理申立事件」の2つがあり、竹田氏はこの両方の申立をしました。

まだやるんかい。私はそう思い、うんざりしました。

第十一章

最高裁の上告棄却による裁判の終結

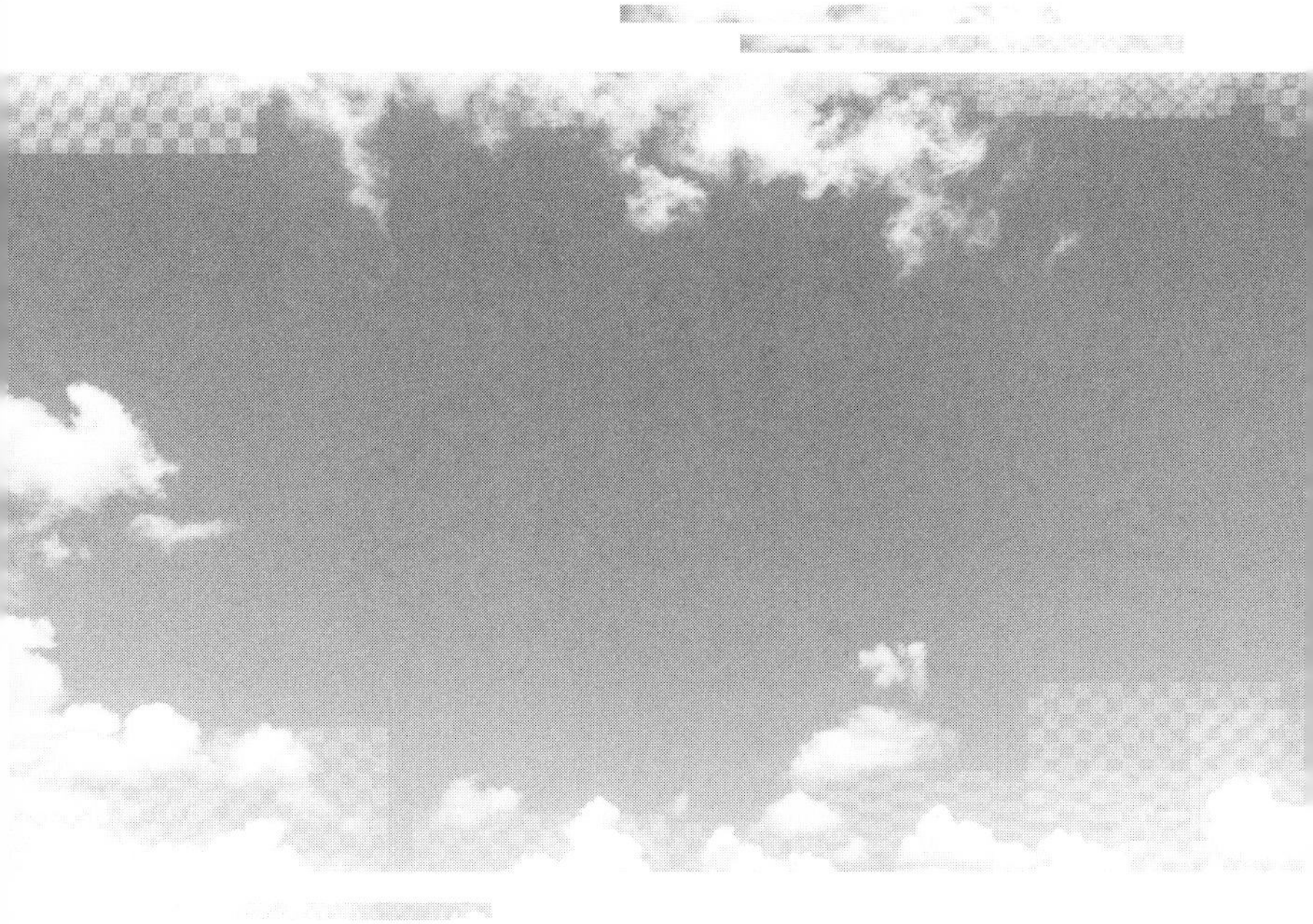

こちら側の完全勝訴で確定した裁判の結末

◆「上告」と「上告受理申立」の違い

二〇二一年九月十日の午後三時四四分、佃さんからメールが届きました。

a　竹田氏の「上告状兼上告受理申立書」

b　裁判所からの「上告提起通知書」「上告受理申立て通知書」をお送り致します。

山崎様には原本を郵送致します。

aの日付けによると、竹田氏が上告をしたのは9月3日だということになります。

私は、この「上告」と「上告受理申立」の違いがよくわからなかったので、十二月六日の午後七時四七分にメールで佃さんに質問しました。佃さんは、同日の午後八時六分に届いたメールで、以下のように説明してくださいました。

「被上告人」と「相手方」の違いについて

最高裁に係属する事件は一般に「上告事件」と呼ばれていますが、実は、2種類のものが普段一緒くたに議論されています。

それは、（a）民訴法311条に基づく「上告事件」と（b）民訴法318条に基づく「上告受理申立事件」です。

aとbは、全く別ものでありそれぞれ別個独立の事件です（このため、事件番号もそれぞれ別個に付されます）。

前者（a）は、判決に憲法違反がある場合その他の一定の場合（民訴法312条に、その一定の場合が列挙されている）にのみ可能なものです。

また後者（b）の場合は、申立てをしたからといって当然には「上告事件」とはならず、判決に判例違反など一定の事由がある場合（民訴法318条にその一定の事由が規定されている）に、最高裁が「申立てを受理」して初めて「上告事件」になります。

竹田氏はこのａもｂも申し立てているのですが、そのうちａは、竹田氏が上告をした時点で「上告事件」となっているのに対し、ｂのほうは、最高裁がまだ「受理」をしておらず、「上告事件」とはなっていません。

ｂについては、最高裁が今後、そもそも受理するかどうかを審理しますが、おそらく「受理」されずに、つまり「上告事件」にすらなることなく「不受理」で終わると思います。

ａとｂとにはこういう違いがあり、当事者の呼び名も、ａのほうは「上告人・被上告人」とされているのに対し、ｂのほうは「申立人・相手方」とされている、という違いがあります。

ちなみに、ｂが「受理」されると正式な「上告事件」になりますので、そうなった場合には、当事者の呼び名も「申立人・相手方」ではなく「上告人・被上告人」となります。が、今回の竹田氏の件が受理されて竹田氏が「上告人」

となり山崎さんが「被上告人」となるという事態は起こらないと思います。

また、私が最高裁での審理について、二〇二二年二月十四日の午後一時一三分に送信したメールで「最高裁の審理は、一審や二審とは違う形で進行するのでしょうか？　例えば、第何回期日のようなものは、最高裁の審理ではないのですか？」と質問したところ、佃さんは同日一五時二四分に届いた返信で、次のように教えてくださいました。

上告審は基本的に法廷での口頭弁論がありません。

他方、高裁の結論をひっくり返す場合には口頭弁論を開かねばならないことになっており、したがって、口頭弁論が開かれるという事態は、我われにとってはよろしくないことだということになります。

こうして口頭弁論が開かれないままある日突然最高裁から決定書が届く、というのが理想的な、そして最もあり得る展開です。

なるほど、そういうことでしたか。最高裁判所での審理は、地裁や高裁のそれとは根本的に異なる形で進められる。私は、そんなことも知りませんでした。

◆最高裁の決定：「上告は棄却、上告受理申立は不受理」

佃さんは、竹田氏側の弁護士から二〇二一年九月に届いた「上告状兼上告受理申立書」を精査された上、二〇二二年一月十三日付で作成した「被上告人意見書」と「相手方意見書」を最高裁第2小法廷に提出されました。前者の冒頭では、竹田氏側の「上告」の問題点について、次のように指摘していました。

> 上告人の上告理由は、原判決に対する自己の不満を、〝理由不備〟という上告理由に牽強付会して原判決を論難しているに過ぎず、適法な上告理由にはあたらないし、また、述べられている内容自体、著しく不合理であって失当である。

佃さんはこの書面で、竹田氏側の個別の主張に対する反論および瑕疵の説明を行い、五頁にわたる書面の最後を、次のような指摘で締めくくりました。

上告人は、目的の公益性を判断するにつき、当該表現を用いる「必要性」があったか否かについて判断する必要があるという（10頁）が、これは上告人の独自の見解に過ぎない。

当該表現を用いる「必要性」がなければ目的の公益性が否定されるなどという法理は全く存在しない以上、「必要性」の存否について判断しなければならないということもない。

畢竟、ここにおける上告人の主張も、自分のした主張に対して裁判所が自分の思うほどの紙幅を割いてくれなかったという非法律的な苦情に過ぎない。

そして三か月後の四月十四日一二時一七分、佃さんからメールが届きました。

最高裁から決定が届きました。添付の通りです。
実物はおって郵送いたします。

先方の上告は棄却、上告受理申立は不受理、ということで勝訴が確定しました。


最高裁が、竹田氏の最後の訴えをすべて棄却（不受理）。

原判決の確定により、こちら側の完全勝訴。

この最高裁の決定により、長かった裁判も完全に終わりました。

正直、あっけない幕切れでしたが、多くの方からいただいたご支援を裏切らない結果になって本当によかったと思い、私は安堵と共に目を閉じ、青空の下の草原で陽光を浴びながら涼しい風に吹かれるような解放感を味わいました。

◆こちら側の完全勝訴を踏まえた二度目の記者会見

私はさっそく、一五時ちょうどに佃さんにメールを返信しました。

最高裁の決定についてご連絡いただき、ありがとうございます。完全勝訴、やりましたね！　佃さんに弁護していただいたおかげで、このような結果を勝ち取ることができました。本当にありがとうございました。

そして内田さんにも、一五時八分に次のようなメールを送信しました。

先ほど佃さんよりメールで、最高裁判所の決定が届いたとの連絡がありました。

竹田側の上告は棄却、上告受理申立は不受理、ということで、こちら側の完全勝訴で一連の裁判は終結です！

決定内容は、添付のＰＤＦの通りです。佃さんからのメールの内容は、このメールの最後にコピーします（裁判費用などについての話も書かれています）。

長い裁判でしたが、内田さんには本当にさまざまな面でご尽力いただき、そのおかげで、このような結果を勝ち取ることができました。本当にありがとうございました。

その後、記者会見の段取りについて相談し、四月二十一日の午後四時三〇分から、一審勝訴時と同様に三人で、勝訴の会見を司法記者クラブで行うことになりました。

その会見で、私はまず、最高裁判決の感想と、今後の構想について話しました。

佃さんから最高裁の判決をうかがって最初に感じたのは、安堵の気持ちでした。

どんな戦いにおいても、不確定要素は常に存在しますので、何らかの予想外の展開が起きるかもという不安を、常に頭の片隅に持たざるを得ませんでしたが、最高裁判所の判決で不確定要素はなくなり、ひとまず安心しました。

ただ、裁判自体は終わりましたが、ただ自分が勝ったというだけで終わらせるつもりはなく、これを何らかの社会的な意義のあるものにできたら、と思い、次の段階をこれから始めようと思っているところです。

一つは、今回の裁判の経験を本に書くということ。僕はもともと、本業は本を書く仕事で、扱うテーマは「戦いと争いの歴史」。いろんな過去の戦いの歴史を分析して書いてきましたが、自分が当事者になった戦いを「戦記」として書くのは初めてです。この裁判の過程で僕が感じたこと、疑問に思ったこと、不安に思ったことも含めて状況を分析し、こちらが提出した準備書面や陳述書の内容などと共に、裁判の記録として本を書きます。

いま日本の社会には、差別の問題に加えて、歴史修正主義や天皇の過度な権威化など、いろんな社会問題が存在しますが、竹田恒泰氏の言論活動をひとつの軸にすると、それらをすべて繋げる形で論じられるのでは。それらを一つの本にまとめて論じるにはいい機会ではないかと。そういう本を書こうと、いま考えているところです。

内田さんは、「裁判を支援する会」に寄せられた寄付金の大きさと、応援してくださった方々の「差別的な言説の蔓延を不安に思う気持ち」に応えられる判決が出たことの喜びを説明され、「応援してくださった方々への心からの感謝」を述べられました。

その上で、この裁判全体についてのお考えを、次のように説明されました。

これは本来裁判にすべきことではなかった。双方が言論人なのだから、自由な言論の場にお互いの言い分を差し出して、どちらに理があるか、理非の判定は多くの読者に委ねると、それが言論人としての矜持だと思います。裁判というのは、ことの当否を判断できる手段がすべて無くなった場合になされる最後の手段です。

戦いのあとの風景

◈予想以上に無関心だった主要メディア

第十章でも少し紹介しましたが、私は控訴審での勝訴判決のあと、内田さんや望月さんとコメントの動画を作成し、二〇二一年九月一〇日にネットで公開しました。

その中で、私はこの判決の意味について望月さんから問われ、こう返答しました。


（控訴審の判決は）一審の判決を踏襲し、なおかつより明確な形でこちらの主張が正当なものであると、具体的には、それ（私のツイート）は社会の公益に関わる公正な論評であるということが、はっきりと判決文に記されたということで、当事者として安心したのと同時に、公正な判決だったという風に思っています。

今回の「裁判そのもの」については、私は当事者ですので、勝つ・負ける、勝訴・敗訴という面は重要なんですが、望まずしてこういう形で裁判の当事者になった以上は、それだけではなくて、何かしら社会の公益に寄与する効果を生じさせられないかと。この裁判の経過や判決内容を、今の日本社会における差別の問題を考える材料として、多くの人に活用してもらえたらなと、そういう考えも持っています。

そして、最高裁判決の後の記者会見でも、私は次のように訴えました。

この裁判の意義がどんなものになるかについては、私がこれから書く本に加えて、（メディアの）報じ方にもよると思います。

竹田恒泰という人は二〇一四年にこういう本を書いてます。『笑えるほどたちが悪い韓国の話』。タイトルからして韓国人を嘲るような本ですが、内容も、裁判の中でたくさん引用しましたが、例えば章のタイトルが「民族まるごとモンスタークレイマー」とか、民族差別を露骨に書いてるような本なんです。

こういう本を書いた人が、いまテレビに出てるんですよ。三重県の皇學館大学というところでは、（竹田氏は）学生に教えてるんです。この裁判が始まった時点では、彼が教えているのは「現代人権論」。ブラックジョークかと思うようなことが、いま日本で起きている。こういうことが起きているということを、メディアの報道人が社会に広めて「これでいいのか」という疑問を世に問う仕事をしていただくことが重要です。

今回の裁判に関しても、勝った負けたという結果だけを報じるのでなく、できれば背景にある「差別がなんとなく日本社会でまかり通っている」というところにも目を向けて、一緒に報じていただけたら。

しかし、私のこうした期待は、大きく裏切られました。

裁判中も裁判終結後もテレビ番組への出演（大阪のよみうりテレビ系「そこまで言って委員会NP」）を続けている竹田氏の知名度の高さを考えれば、本書で指摘したような彼の過去の言動を裁判所（東京地裁と東京高裁、そして実質的には最高裁も）が「差別的」だと認めた判決は、公益に関わる問題であるはずだと私は思います。

けれども、この国の主要メディアは、この裁判の判決を一切報じてくれませんでした。

東京地裁での一審判決の内容を報じたのは、東京新聞と時事通信社の二社。

東京高裁での控訴審判決を報じたのは、東京新聞と時事通信社、神奈川新聞、および「弁護士ドットコムニュース」という法律関係のネットメディアの四社。

最高裁の上告棄却と上告受理申立不受理について報じたのは、東京新聞と弁護士ドットコムニュース、日刊スポーツの三社。

東京新聞は、三つの判決後に行われた記者会見（一審と最高裁は佃さん、内田さんと私の三人、控訴審は佃さんのみ）の動画も、すべてネット版の記事で報じてくれました。

このほか、ネットメディアの「リテラ」が、一審判決後の二〇二一年三月十四日に「竹田恒泰が山崎雅弘を訴えた裁判で完全敗訴も控訴！　東京地裁が竹田の『差別主義』『自国優越思想』を認めた判決文を改めて紹介」というタイトルの記事で、判決が竹田氏の過去の差別的言動を踏まえて、私の投稿した「人権侵害常習犯の差別主義者」という文言が「公正な論評である」と判断した裁判所の判決を詳しく紹介してくれました。

また、雑誌「週刊金曜日」の二〇二二年四月二十九日・五月六日合併号には、佐藤和雄さんが執筆された、最高裁の決定を受けてこの裁判の概要を紹介する記事「竹田恒泰氏の敗訴確定　『差別主義者』ツイートに違法性なし」が掲載されていました。

でも、私が知る限り、この裁判に関する報道は、これだけでした。

◆竹田氏を幹部候補生向け講演に招いた陸上自衛隊

私は本書の第三章で、なぜ日本社会はこれほど「差別」に甘いのか、という問題提起と共に「差別の言動や思想を正面から批判しない日本社会の風潮」を批判的に論じました。そこでは、差別反対というメッセージを社会に発信した大坂なおみ選手の行動に対する、日本国内と海外の企業の反応や評価の大きな違いにも触れました。

東京地裁と東京高裁が下した判決文の内容は、人権侵害という観点も含めて、人を差別する言動はこの社会では認められず、それを発する者を「差別主義者」と呼んで批判的に論評する行動は「公益に寄与する公正な論評と認める」というものでした。

これらの判決をストレートに報じるだけでも、理不尽な差別に日々苦しむこの国のマイノリティ（少数者）の人たちを多少なりとも勇気づける心理的効果、つまり「公益に寄与する効果」はあるはずだと思います。

しかし、日本の公共放送NHKや、朝日新聞、毎日新聞、読売新聞、在京テレビ各局、在阪テレビ各局などは、この裁判への態度を見る限り、そんな「公益」には全然関心が無いかのようです。

もし、普段から「差別をなくす」という考えを社内で共有できているのであれば、東京新聞や神奈川新聞（この二紙は以前から、民族差別のヘイトスピーチを含むさまざまな差別の問題を積極的に取り上げて、差別的言動を批判する姿勢を「社として」とり続けています）のように、東京地裁や東京高裁が下した判決を社会に広め、そこに込められた「公益」の効果をさらに増大させることもできたのでは、と思うのですが。

本当に残念です。

そして、東京地裁で裁判が進行していた二〇二〇年六月二十五日、私は目を疑うようなツイートを目にしました。

それは、同日の午後三時一分に陸上自衛隊幹部候補生学校の公式アカウントが投稿したもので、講堂を埋めた陸上自衛隊の幹部候補生を前に講演する竹田氏の写真三点と共に、次のようなテキストが書かれていました。

#幹部への道2020　Vol15～教育編～
多数のテレビ・ラジオ番組に出演されている作家、#竹田恒泰 先生が来校して講演が行われました。「#日本はなぜ世界でいちばん人気があるのか」という演題でした。候補生は、自分の国を愛することと「#愛国心」について考えを深めました。#古事記さらに、最高裁の決定が出た後の二〇二二年九月二日午後二時二八分、陸上自衛隊教育訓練研究本部の公式アカウントが、次のような内容のツイートを投稿しました。

8月23日（火）、#TV番組 でお馴染みの #作家 #竹田恒泰 氏をお招きし #幹部高級課程 学生に対し「日本はなぜ世界で一番人気があるのか～自衛隊バージョン～」と題した #講話 をいただきました。#学生 にとって興味深い内容であり日本建国の理念や精神など日本を改めて見つめ直す良い機会となりました。

講話中の竹田氏の写真が三点添付された、陸上自衛隊教育訓練研究本部のツイートを見て驚き、心底から呆れた私は、九月三日の午後一時四八分と一時五〇分に、以下のようなツイートを連続して投稿しました。

一応日付を確認した。講話は2022年8月23日。最高裁判所が竹田恒泰氏の上告を棄却して、私が彼を「人権侵害常習犯の差別主義者」と評した行為を

「正当な論評」と認めた東京地裁と東京高裁の判決が確定したのが4月13日。これが「陸上自衛隊」という組織の情報力と倫理レベル。

（続き）自衛隊は国の予算で運営される公的組織であり、上級幹部向けの講話に招く人選は、国民全体に関わる公的な関心事。自衛隊／防衛省は「どんな理由でこの差別主義者を講師に選んだのか」を説明する義務がある。かつてこの国を破滅させた自国優越思想を、自衛隊という武力組織幹部に植え付ける愚。

竹田氏の講演タイトル「日本はなぜ世界でいちばん人気があるのか」は、この裁判の発端となった富山県朝日町で予定されていたものと同じであり、竹田氏がネット動画で行った講演の内容には、多くの事実誤認や自国優越思想の植え付けなどの問題点があった事実を、私は東京地裁に提出した三番目の陳述書で指摘していました（第五章を参照）。

私は、陸上自衛隊の幹部候補生学校や陸上自衛隊教育訓練研究本部で行われた講演の内容を承知していませんが、もし私が陳述書で指摘した問題点（自国優越思想と差別思想）を含む話をそのまま自衛隊の幹部候補生に対して語っていたのであれば、中高生向けの講演とは少し質が違う、より深刻な「危険性」がそこに存在するように思います。

かつての日本軍は、「日本の国体（天皇中心の国家システム）は万邦無比（世界一）」だという自国優越思想で道を誤り、日本人以外のアジア人を蔑視する精神文化で中国人を含むアジアの人々に死と不幸をもたらしたという、暗い歴史を持っています。

もし陸上自衛隊の幹部候補生たちが、本書で指摘してきたような竹田氏の言説を無批判に鵜呑みにしてしまったなら、また当時の日本軍人と同じように、夜郎自大な自国優越思想の高揚感に酔いながら、それが正しいと信じて「誤った道」へと突き進む可能性があります。

◈「敗訴」した竹田氏が負担した「裁判費用」の金額

さて、最高裁が竹田氏の上告を棄却し、上告受理申立を不受理とする判決を下したことで、原判決（東京地裁）と控訴審判決（東京高裁）に記された「訴訟費用は原告の負担とする」という判決内容が確定しました。

私は、自分が裁判の当事者になるまで、この「訴訟費用」というのは、弁護士費用も含めた「当事者が裁判に費やしたすべての費用」を意味するものだと思っていました。

しかし、それは大きな誤解でした。

二〇二二年五月十一日の午前一二時三一分、佃さんよりメールが届きました。その最後のところに、次のような文章が付記されていました。


追伸　現在、訴訟費用の請求の手続きを始めております。

訴訟費用の確定をすでに裁判所には申し立て済みであり、現在は裁判所の決定待ちです。

まことに遺憾ながら、相手に請求できる訴訟費用は、わずかに2万数千円程度に止まると思われます（泣）。


一年を超える地裁での審理を経て二〇二一年二月五日に一審の判決が出たあと、その確定を二〇二二年四月までさらに一年二か月も引き延ばした挙げ句に全面敗訴した竹田氏に課せられた「裁判費用の支払い」は、わずか二万数千円。

弁護士など法曹界の方々にとっては、いまさら驚くような話ではないのでしょうが、私のような「裁判初体験の素人」から見れば、理解しがたい不条理です。

私は、弁護士費用や各種調査費用、追加の資料購入費、裁判に関連する上京のための交通費や宿泊費は、「支援する会」にいただいたご寄付でまかなうことができましたが、前提事実の調査や竹田氏の動画書き起こし、各種の文献や雑誌に掲載された竹田氏の記述の再確認と整理、竹田氏の講演動画内容のファクトチェック、陳述書の作成などに多くの労力を取られ、本業である文筆の仕事時間を大きく削られる結果となりました。

これらの事実を考えると、「相手に請求できる訴訟費用は、わずかに二万数千円程度」という制度は、どうにも理不尽であるように思います。

けれども私は、最高裁で全面勝訴し、記者会見を行った後に佃さん、内田さんと開いた「祝勝会」の席で、そのような制度になっている理由についての説明を佃さんからうかがい、確かにそれならば仕方ないな、と思いました。

五月十三日の午後二時一九分、私は佃さんにメールを返信しました。


こんにちは。「訴訟費用」の件、了解しました。状況として理不尽だとは思いますが、先日の祝勝会で佃さんが説明して下さったように、敗訴した側が

相手の弁護士費用まで全部負担する形になれば、それを怖れて弱い立場の人が訴訟をあきらめるという効果も生じてしまうので、仕方ないですね。

このメールに書いたように、もし弁護士費用も含めた裁判「関連」費用もすべて「敗訴した側」が負担するような制度になれば、経済的に弱い立場の市民が強い立場の政府や企業などを相手に損害賠償などの裁判を起こすハードルが、途方もなく高いものになってしまうと考えられます。

もし訴えを棄却されて敗訴すれば、損害賠償どころか、自分側と相手側の弁護士費用まで支払う追加の義務を負うことになり、絶望のどん底に突き落とされるでしょう。

とはいえ、現状の制度では、依然として「スラップ訴訟」が相手方への攻撃手段として有効性が認められるので、日本でも早急に社会全体で議論を深めた上で、悪質な「スラップ訴訟」対策の法制度改正が必要であろうと私は思います。

五月十七日の午前一一時五七分、佃さんより「訴訟費用額確定処分」と題された、以下のようなメールが届きました。

山崎様　内田先生
佃です。

本件の勝訴判決が確定したことにより、訴訟費用を先方に請求するため、その額の確定を裁判所に申請しておりましたが、この度、その決定が出ました。

訴訟費用額は、誠に遺憾ながら、2万6250円です。

決定書を添付いたしましたので、ご確認下さい。

山崎さんには原本を郵送いたします。

上記の額については、これから竹田氏側（＝先方の代理人弁護士）宛てに請求し、回収をしておきます。

先方から入金がありましたらあらためてご報告致します。


五月一七日の午後一時三一分、私は佃さんと内田さんに返信しました。

佃さま、内田さま
こんにちは。訴訟費用額確定のご連絡、ありがとうございます。竹田に払わせたお金は、内田さんのところの「支援する会」の口座に入れて、今後のスラップ訴訟への対抗などに役立てましょう。

私が当事者となった裁判は、こうして終結しました。

しかし、社会から差別を無くす、あるいは少しでも減らすための言論活動は、裁判で経験したさまざまなストレスに懲りることなく、私はこれからも続けていきます。

それが私に割り振られた「役目」だと、今回の裁判と多くの人から得たご支援によって確信できたからです。

おわりに

本書で取り上げた裁判は、東京地裁から私の自宅に「特別送達」の書類が届いた二〇二〇年一月二十五日から、最高裁の決定が出された二〇二二年四月十四日まで、両日を含めて八一一日に及ぶ長い戦いでした。

その時々の記録を見ながら記憶を呼び起こし、戦いの流れを一冊の本にまとめるという作業は、裁判闘争を支援してくださった方々へのお礼にもなると思い、さまざまな価値を盛り込んだ中味の濃い書物に仕上げるよう、最善を尽くしました。

裁判費用のご寄付については、本文中で何度も触れましたが、資金面でのご助力に加えて精神的な支えとなったのは、ご寄付をくださった方々からの応援メッセージでした。

「裁判を支援する会」のサイトには、本書刊行時点で五〇六人の方からのメッセージが紹介されていますが、それをひとつずつ読むと、それぞれの寄付者がどんな思いを込めて、大事なお金を送ってくださったのかという理由がしっかりと伝わってきます。

できれば、それらのコメントを本書にすべて転載したいところですが、残念ながら紙幅が限られていますので、その一部を以下にご紹介します。

- この国の「知性」や「理性」を守るため大事な裁判だと思います。
- これは決して山崎さん一人の闘いではありません。自分の良心・良識に従って発言し、行動することが、力によって潰されるような社会にはしたくありません。
- 世の中が正気を取り戻すために、自分の労働の対価が役立つとしたら、こんなに嬉しい事はありません。
- 差別主義者が大手をふって歩く世の中にしてはいけない。
- 留学生にかかわる仕事をしています。彼らが日本を活性化してくれるためにも、日本から差別的な言論がなくなることを望みます。
- フェアネスを守るため、言論の暴力に対する戦いです。もし何もせず資金不足と言う理由で山崎さんが負けたとしたら、私は一生この事を恥じるでしょう。

●ささやかな応援ではありますが、私自身がこうあってほしいと願う「今」と「未来」のために、同じ想いで動いている人たちとともにできることを着実にやっていきたいと思います。

社会の健全さを維持し、より望ましい未来にするという責任を負う一人の大人、一人の「市民」としての強い問題意識を、それぞれのコメントから強く感じます。

私は、欧米に比べると日本の社会は民主主義の成熟度という面でまだまだ遅れをとっていると考えてきましたが、今回裁判の当事者となり、これほど多くの方から応援メッセージと寄付金をいただいたことで、日本の社会にも自覚的な「市民」が少なからず存在することをはっきりと知ることができ、心強く感じて戦い続けることができました。

こちら側の全面勝訴という裁判の結果により、皆さんのご期待に応えられたのと共に、このような「社会活動」における成功事例を一つ作れたのではないかと思います。

本書の巻末には、東京地裁が下した判決文の主文と判決理由説明を採録しました。内容をお読みいただければ、「社会は差別思想の跋扈を許してはならない」とする裁判官の良識が、判決理由の説明ではっきりと示されていることに気付かれるでしょう。私は裁判で勝訴した側なので、自分に有利な判決だから褒めているのだろう、と思う人がおられるかもしれませんが、そうではありません。判決文に書かれているのは、きわめてまっとうな「良識的判断」の組み立てであり、理路整然となされる理由の説明を読み進むと、そこに記された純度の高い良識に心を洗われるような気分になります。

私は、この判決文の内容は、一裁判の判決というだけに留めておくのはもったいない、国民全体がその価値を共有して活用すべき公的な資産だと思います。

とりわけ、理不尽な差別と戦う市民や弁護士にとって、この判決で示された裁判官の判断は、今後さまざまな形で役立てられる指針になるのではないでしょうか。

第十一章の後半で、陸上自衛隊の幹部学校が竹田恒泰氏を講師に招いた事例を二つ紹介しました（うち一つは最高裁の決定が出た後の行事）が、本書の校正を進めていた二月二十八日の午後〇時二分、陸上自衛隊高等工科学校の公式アカウントは「政治評論家・作家の竹田恒泰氏を講師としてお招きして講話をいただきました。演題『日本は世界で一番人気があるのか』（略）」との文言と講演中の竹田氏の写真を、ツイッターに投稿しました。

インテリジェンスという英語には、知性や判断力、聡明さと共に、軍や諜報機関が行う情報収集と分析という意味も存在しますが、陸上自衛隊のような公的組織にとって、この二種類の能力は死活に関わる重要な要素のはずです。

しかし、最高裁の決定が下され地裁と高裁の判決が確定した後も、まだ竹田氏を呼んで「日本は世界で一番人気が」云々の講話を語らせる今の陸上自衛隊は、両方の意味でのインテリジェンス能力が著しく低下しているとしか評しようがありません。

しかも、竹田氏が講演を行った陸上自衛隊高等工科学校は、陸上自衛官を目指す高校生が学ぶ学校であり、陸上自衛隊は富山県朝日町が企画した中高生向け講演と同様、思考や倫理観が発育途上にある未成年者に「日本は世界で一番人気が」云々という話を聴かせたことになります。将来を担う若者たちにこのような講話を聴かせるのは大きな問題だと、私は思います。

もし、東京地裁の判決内容が日本社会で広く周知すれば、陸上自衛隊がまるで「お得意さん」のように竹田恒泰氏を講演に招いて「日本は世界で一番人気が」云々と語らせる、異様な状況も変わるかもしれません。

最後になりましたが、改めて、今回の裁判で大変お世話になりました内田樹さんと、裁判での弁護活動に加えて本書の記述内容についても有益なアドバイスをくださった佃克彦さん、「支援する会」のサイトを制作・管理してくださった井手敬太さん・こずえさん、裁判支援の呼びかけ人になって下さった皆様、寄付金と応援メッセージを寄せてくださった皆様に、深くお礼を申し上げます。本当にありがとうございました。

そして、かもがわ出版編集部の松竹伸幸さんと、本書の編集・製作・販売業務に携わって下さったすべての人に対して、心からの感謝の気持ちと共に、お礼を申し上げます。

２０２３年３月　山崎雅弘

【一審判決（争点部分抜粋）】
令和3年2月5日判決言渡　同日原本領収　裁判所書記官
令和2年（ワ）第1155号　損害賠償等請求事件
口頭弁論終結日　令和2年12月11日

判決

原告　竹田恒泰
同訴訟代理人弁護士　野間自子
　加賀山皓
被告　山崎雅弘
同訴訟代理人弁護士　佃克彦

主文

1　原告の請求をいずれも棄却する。
2　訴訟費用は原告の負担とする。

事実及び理由

第1　請求
〔略〕
第2　事案の概要
〔略〕
第3　争点に対する判断
1　認定事実
〔略〕
2　争点1（本件各投稿による名誉毀損又は名誉感情侵害の有無）
（1）判断枠組み
名誉を毀損するとは、人の社会的評価を低下させることをいうところ、ある記事の意味内容が他人の社会的評価を低下させるものであるかどうかは、当該記事についての一般の読者の普通の注意と読み方とを基準として判断すべきものと解される（最高裁昭和29年（オ）第634号同31年7月20日第二小法廷判決・民集10巻8号1059頁参照）。

また、名誉毀損の成否が問題となっている表現が、証拠等をもってその存否を決することが可能な他人に関する特定の事項を明示的又は黙示的に主張するものと理解されるときは、当該表現は、上記事項についての事実を摘示するものであり、そのような証拠等による証明になじまない物事の価値、善悪、優劣についての批評や論議などは、意見ないし論評の表明に属するというべきである（最高裁平成6年（オ）第978号同9年9月9日第三小法廷判決・民集51巻8号3804頁、最高裁平成15年（受）第1793号、同第1794号平成16年7月15日第一小法廷判決・民集58巻5号1615頁参照）。

そして、そのいずれであるかは、一般の読者の普通の注意と読み方とを基準として判断すべきものと解される（最高裁平成6年（オ）第1084号同10年1月30日第二小法廷判決・裁判集民事187号1頁参照）。

以下、このような観点から、本件各ツイートにおける各表現が、原告の名誉を毀損するか否かにつき、個別に検討する。

（2）本件ツイート1

ア（ア）前記認定事実（5）アのとおり、本件ツイート1は、第三者のアカウントによる、原告が本件講演会を実施することについて「大丈夫なの!?」というツイートを引用する形でなされたものであるところ、本件ツイート1は、原告の普段の言動が原告のツイッターを見ればすぐに確認できるにもかかわらず、原告を招いて富山県朝日町の中高生に「自国優越思想の妄想を植え付ける講演」をさせる朝日町教育委員会には、教育に携わる資格はないと指摘するものである。

そして、前記認定事実（1）及び（2）のとおり、原告は多数の講演会を実施してきたほか、中国や韓国といった特定の国への批判やそれら他国と比較する形で日本の価値観や評価を周知・考察する言動をしてきたこと、他方、前記認定事実（3）アないしウのとおり、被告自身も時事問題に関する論考を執筆・公表し、自身の著書等の中で、日本や日本人を際限なく称賛する行為が他国蔑視に転化し得ることに問題意識を示していたこと、加えて、前記認定事実（4）のとおり、本件各ツイート以前において、原告がいわゆる従軍慰安婦問題についてした問題提起に対し、被告が批判を表明したことがあったこと等からすると、このような両者間の見解の相違とそれを巡っての直接の議論が交わされる機会があったことにつき、一般に容易に情報収集することができ、一定の周知性を有していたことが推認される。そして、前記の本件ツイート1の内容・体裁や本件ツイート1が投稿された経緯に加え、このような原告と被告との関係も考慮して、一般の読者の普通の注意と読み方を基準にすると、本件ツイート1の記載は、原告の過去の言動を前提に、原告の思想が「自国優越思想」という根拠のない妄想であり、教育に不適切な考え方であるとの批判的な意見又は論評を述べた上で、本件講演会は、上記の不適切な考え方を受講者に植え付けるものであり、これを実施させる朝日町教育委員会には教育に携わる資格はないという批判的意見ないし論評を表明したものであると認められる。

（イ）　これに対し、原告は、本件ツイート1が、原告が自国優越思想の妄想を植え付ける講演を行う人物で、原告の言動が自国優越思想の妄想を植え付ける内容であるとの事実を摘示するものであると主張する

しかしながら、本件ツイート1は、その文言自体に照らして、原告の過去の発言等を前提として（「竹田恒泰という人物が普段どんなことを書いているか、ツイートを見ればすぐ確認できる」）、原告の思想に関する被告の評価として「自国優越思想の妄想」との表現を用いたものと認められる。このような、原告の思想に対する被告の評価は、その存否や内容について証拠により認定・判断することができない性質の事柄であるから、本件ツイート1が原告の行う講演会や言動の内容についての事実の摘示を含むものと解することはできず、原告の前記主張は採用できない。

イ　本件ツイート1のうち原告について述べる部分は、原告の思想を「自国優越思想」と位置付けた上で、これを「妄想」として表現するものであるところ、このような構造に照らせば、「自国優越思想」を、日本が他国に比して優れているとして自国を礼賛する思想として位置付けた上で、そのような考え方自体に合理的な根拠がなく、現実から遊離したものであるとの評価を加えたものと解するのが相当である。これを前提とすると、上記の部分は、一般の読者の普通の注意と読み方とを基準にすれば、原告は講演会での登壇者としての適性に問題があるという印象を与えるものであるといえるから、原告の社会的評価を低下させるものであると認められる。

（3）本件ツイート2ないし5

ア　（ア）本件ツイート2は、原告のツイートを4つ程度紹介するだけでも、原告が教育現場に出してはいけない人権侵害常習犯の差別主義者であるとすぐに分かるものであり、富山県朝日町の教育委員会が何も知らずに東京から原告を招くわけがないのであるから、同教育委員会にも差別主義者がいる可能性が高いと指摘するものである。

本件ツイート3は、令和元年6月に開催された原告の講演会が大阪市教育委員会の後援であったことが、原告の日頃の発言内容を問題であると思わない、民族差別や国籍差別、男女差別に鈍感又は無感覚な人間が大阪市教育委員会の内部にいることを意味すると指摘するものである。

本件ツイート4のうち、「保障されている言論の自由には『人権侵害のヘイト言論』は含まれません」という部分は、憲法で保障される言論の自由には、人権侵害を内容とするものは保障の対象に含まれないということ、「言論の自由を『何を言ったり書いたりしても自由』だと勘違いする小学生のような大人が多い」という部分は、憲法で保障される言論の自由が、どんな内容であっても保障の対象にあると勘違いする未熟な大人が多いということを指摘するものであり、本件ツイート5は、本来であれば、子供に「差別や偏見、いじめはいけません。」と教える責任を負う教育委員会が、特定国やその出身者に対する差別やいじめの常習者である原告を、税金で謝礼を支払う行事に登壇させることが問題であり、このことが差別やいじめを是認することになると指摘するものである。

（イ）前記認定事実（5）イないしオのとおり、本件ツイート2及び3は、本件ツイート1に連続して投稿され、また、本件ツイート4は、本件ツイート1の約16時間後に、別アカウント投稿（原告がいかなる内容の主張をすることも、原告を登壇させる講演会を開催することも自由である旨指摘するツイート）に対する返信としてなされ、本件ツイート5は、本件ツイート4に連続して投稿されたものである。

そして、これらの一連のツイートは、原告について、その冒頭（本件ツイート2）において、原告の発言等（過去に書いたツイート）を前提として、「人権侵害常習犯の差別主義者」と表現し、本件ツイート5においても、「特定国やその出身者に対する差別やいじめの常習犯」として、基本的に同旨の内容を表現している。さらに、これらのツイートは、教育委員会による原告の講演の主催又は後援につき反対意見を表明する（本件ツイート2、3及び5）中で、教育委員会につき「民族差別や国籍差別、男女差別に鈍感」である旨表現し、原告を擁護する第三者のツイートについても、「差別的なヘイト言論」には表現の自由がない旨を述べているところ、これらの表現も、原告の発言等が、差別又は差別的な言論であることを前提とするものと認められる。

このような本件ツイート2ないし5の体裁及び内容からすれば、本件ツイート2ないし5の各記載は、いずれも本件ツイート1に引き続いて、原告が教育委員会主催の講演会の講演者として不適格であるという批判的意見ないし論評を表明するために、原告の過去の言動を前提として、原告の思想が差別主義的であり、これに基づく発言等が常習的な人権侵害に該当するとの批判的意見ないし論評を表明したものであると認められる。

（ウ）　これに対し、原告は、本件ツイート2が、原告が教育現場に出してはいけない人権侵害常習犯の差別主義者であるとの事実を摘示するもの、本件ツイート3が、原告が差別的な発言を繰り返し行っているとの事実を摘示するもの、本件ツイート4が、原告が人権侵害のヘイト言論を行い、言論の自由を「何を言ったり書いたりしても自由」だと勘違いする小学生のような大人に該当する事実を摘示するもの、本件ツイート5が、原告が差別や偏見、いじめを助長する人物で、特定の国やその出身者に対する差別やいじめの常習者であるとの事実を摘示するものであるなどと主張する。

しかしながら、前記（イ）で述べたとおり、これらのツイートは、原告の過去の発言を前提として、原告の思想及び発言に関する被告の評価として「差別主義」、「人権侵害」等の表現を用いたものと認められる。原告の思想及び発言内容が差別的であるか否かや、人権侵害に該当するか否かについての被告の評価は、その内容について証拠により認定・判断することができない性質の事柄であるから、本件ツイート2ないし5のいずれも、原告の発言内容や人格に関する事実の摘示を含むものと解することはできず、原告の前記主張は採用できない。

（エ）　また、原告は、本件ツイート5のうち「差別や偏見、いじめはいけません」という部分も原告を指すものであると主張する。しかしながら、当該部分の直後に「と子どもに教える責任を負う教育委員会という公的機関」という記載があることからすれば、当該部分は教育委員会を指すものであると認められ、原告を含むものではないと解するのが相当であるから、原告の前記主張は採用できない。

イ　本件ツイート2ないし5のうち原告について述べる部分は、前記のとおり、原告の思想内容が差別に該当し、これに基づく発言等が常習的な人権侵害に該当するとの意見又は論評であるところ、「人権侵害常習犯」や「差別主義者」（本件ツイート2）、「差別」（同3）、「人権侵害のヘイト言論」や「小学生のような大人」（同4）、「差別やいじめの常習者」（同5）という文言は、一般に悪印象を与えるものであることからすれば、一般の読者の普通の注意と読み方とを基準にすれば、原告が人権侵害に該当する言動を頻繁に行う、差別的な思想を有する人物であって、その人格に問題があるという印象を与えるものであるといえるから、原告の社会的評価を低下させるものであると認められる。

3　争点2（本件各ツイートに関する違法性阻却事由の有無）

（1）前記2のとおり、本件各ツイートは、いずれも何らかの事実を摘示するものではなく、意見ないし論評の表明による名誉毀損に当たるところ、ある事実を基礎としての意見ないし論評の表明による名誉毀損にあっては、その行為が公共の利害に関する事実に係り、かつ、その目的が専ら公益を図ることにあった場合に、その意見ないし論評の前提としている事実が重要な部分について真実であることの証明があったときには、人身攻撃に及ぶなど意見ないし論評としての域を逸脱したものでない限り、違法性を欠くというべきである（最高裁昭和55年（オ）第1188号同62年4月24日第二小法廷判決・民集41巻3号490頁、最高裁昭和60年（オ）第1274号平成元年12月21日第一小法廷判決・民集43巻12号2252頁参照）。

（2）公共性及び公益目的

ア　本件各ツイートは、いずれも、教育委員会主催の中高生向けの講演会である本件講演会に原告が登壇するという情報を受け、原告が学校教育に関わる講演における講演者として不適格であるという批判的意見ないし論評を表明した一連の投稿であるところ、本件講演会のような教育委員会主催の講演会の登壇者の適格性は、一般に社会的関心事の高い事項であるから、公共の利害に関する事実に係るものと認められる。

イ　（ア）前記認定事実（3）アないしウのとおり、被告は、戦史・紛争史研究家として、時事問題に関する論考を執筆・公表したり、自身の著書等の中で、日本や日本人を際限なく称賛する行為が他国蔑視に転化し得ることに問題意識を示したりしていたところ、かかる被告の言論活動や本件各ツイートが投稿された経緯に照らせば、本件各ツイートは、被告が、本件講演会の開催について、教育委員会が学校教育を通じて人権侵害や人種差別の解消を目指して啓蒙すべき立場であるにもかかわらず、原告が特定国やその出身者等に対する人権侵害や差別を思想内容とし、当該思想の表明を内容とする発言を常習的に行う者であることを知りながら、あえて原告による中高生向けの講演を主催して、当該思想を伝播させる機会となることを懸念し、本件講演会の開催に反対する趣旨で投稿したものであると認められるから、その主たる目的が公益を図ることにあったと認めるのが相当である。

（イ）　これに対し、原告は、本件各ツイートには原告を誹謗・中傷・揶揄する文言が含まれていること、本件講演会の是非自体を論じるものではないこと等からすれば、その主たる目的は公益目的を図ることではなかったなどと主張する。しかしながら、前記認定事実（5）のとおり、本件ツイート1が本件講演会に原告を登壇させることに関する意見を述べた第三者のツイートを引用する形でなされ、これに本件ツイート2及び本件ツイート3が連続して投稿され、また、本件ツイート4が別アカウント投稿（原告がいかなる内容の主張をすることも、原告を登壇させる講演会を開催することも言論の自由として憲法上保障されて当然である旨指摘するツイート）に対する返信としてなされ、これに本件ツイート5が連続して投稿されたものであるところ、このような本件各ツイートの体裁及び内容からすれば、その主要な点は、過去の原告の言動を踏まえ、地方公共団体単位で学校教育を司る教育委員会が、思想内容からして学校教育上不適切な原告を登壇させる講演会を主催しようとすることへの批判に向けられたものと認められる。したがって、本件各ツイートの中に「自国優越思想の妄想を植え付ける」（本件ツイート1）、「教育現場に出してはいけない人権侵害常習犯の差別主義者」（同2）、「人権侵害のヘイト言論」（同4）といった、攻撃的で断定的な表現をもって原告の思想内容を批判する表現が含まれ、かつ複数のツイートにわたって上記表現が用いられていることを考慮しても、なお原告に対する個人的感情からその活動を妨害する目的にあったとみるには及ばず、その主たる目的が公益目的にあったとの上記認定を覆すには足りないから、原告の前記主張は採用できない。

（3）前提事実の真実性

ア　（ア）前記2（2）のとおり、本件ツイート1は、原告の過去の言動を前提として、原告の思想が「自国優越思想」という根拠のない妄想であり、教育に不適切な考え方である旨指摘する意見又は論評である。

また、前記2（3）のとおり、本件ツイート2ないし5は、原告の過去の言動を前提として、原告の思想が差別主義的であり、これに基づく発言等が常習的な人権侵害に該当する旨を指摘する意見又は論評である。

（イ）この点、本件ツイート1は、前記のとおり、意見の前提として、「竹田恒泰という人物が普段どんなことを書いているか、ツイッターを見ればすぐに確認できる。」と指摘した上で、上記の論評をしている。また、本件ツイート2ないし5についても、本件ツイート2の冒頭において、意見の前提として、「竹田恒泰という人物が過去に書いたツイートを4つほど紹介するだけでも」と指摘した上で、上記の論評をしている。

一方で、原告は、前記認定事実（2）で挙げたものを含め、多数の著書を上梓するとともに（甲1の

1参照)、インターネットメディアにおける発言、講演会の開催等のほか、テレビへの出演等（公知の事実である。）を通じて、その著述や発言の内容が広く知られているものと認められる。このような原告の著名性を前提とすると、一般の読者は、原告の過去のツイートに関する前記の指摘を、過去の原告の言動全般に対する例示として受け止めるものと認められる。

以上によれば、前記（ア）の論評については、原告の過去の特定のツイートに限らず、著書等を含むその言動の全般が前提事実となり得るものと解するのが相当である。

（ウ）以上の判示に対し、原告は、本件各ツイートに係る根拠の開示要求に対する被告の回答等を根拠として、本件各ツイートについて、原告の著書及び配信された動画等の全体が前提事実となるものではない旨を主張する。

しかしながら、前記（イ）で述べたとおり、本件各ツイートにおける原告の過去のツイートに関する記載は、原告の言動全体に対する例示として理解可能であることや、一般の読者にとっても、原告の言動全体が広く知られていることを前提とすると、原告の前記主張は採用できない。

（エ）また、原告は、本件各ツイート後の原告の言動は、本件各ツイートに係る前提事実に含まれない旨を主張するが、意見ないし論評の前提事実の真実性は、事実審の口頭弁論終結時において客観的に判断すべきであり、その際に名誉毀損行為の時点では存在しなかった証拠を考慮することも当然に許されるのであり（最高裁平成8年（オ）第576号同14年1月29日第三小法廷判決・裁判集民事205号233頁参照）、被告が本件ツイート1を投稿した時点で実際に当該前提事実を認識していたかは、真実相当性について検討が求められる事項であり、本件ツイート1の前提事実の真実性を左右するものとはいえない。

イ　以上を前提として、被告の主張する本件ツイート

1に係る前提事実につき検討する。

（ア）前記認定事実（2）イによれば、原告は、「日本はなぜ世界でいちばん人気があるのか」等の書籍において、日本の文化や政治体制について外国からの評価の観点も含めて肯定的に捉えて称賛し、日本国民の愛国心を強調する趣旨の記述をした事実が認められる。

（イ）他方で、前記認定事実（2）ウによれば、原告は、「中国の話」において、中国について、その政治体制等を批判するにとどまらず、中国人又は中華民族（漢民族）について、未熟な文化しか持たず、欲望をむき出しにした、民度の低い憐れむべき民族である旨を述べ、「同じ人間であることすら疑わしく思えます。」とまで述べている（前記①ないし④の各記述）。

また、前記認定事実（2）エによれば、「韓国の話」においては、中国人につき、近代のソフトも伝統文化も存在しない「精神的根なし草の状態にある人々」と評し、韓国人につき近代のソフトは中途半端にしかなく、前近代的価値観の拘束力が強い「中途半端な近代人」と評した上で、これらと対比した上で、日本では近代のソフトと伝統文化のエッセンスが調和しており、日本人は「世界で最も秩序とマナーを重んじる民族」であるとして称賛している（⑨）。

さらに、原告は、韓国人につき、「理性が働かない民族」、「民族まるごとモンスター・クレイマー」、「韓国の人たちは、ゆすり・たかりの材料があると、後先考えずに利用してしまいます。」などと記述した上で、これらの記載に関連して、繰り返し、韓国人につき「民度が低い」旨の記載を繰り返している（⑩ないし⑭）。

（ウ）さらに、原告は、そのツイートにおいても韓国について、「ゆすりたかりの名人」であるとか、ある殺人未遂事件で容疑者が実名報道されなかったことを受けて、その者が日本国籍を有しないものと推察する旨を発言しており（前記認定事実（2）オ）、さらに、本件ネット講演においても、外国ないし外国人に対する否定的な評価を加えつつ、日本国ないし日本人に対する肯定的な評価を述べている（前記認定事実（2）カ（ア））。

（エ）そして、以上の事実に関し、原告が著書や動画等を出版・配信したことは当事者間に争いがなく、その内容が上記摘示したとおりであることは前記1（2）で認定したところであるから、これらの前提事実は、その重要な部分について真実であると認められる。

（オ）以上の判示に関し、原告は、その陳述書において、「日本はなぜ世界でいちばん人気があるのか」等の各著書からは自国優越思想（他国をいわれなく低く見て、それと比して自国が優れた国であると考える思想）を読み取れず、「中国の話」及び「韓国の話」はいずれも理由を示して政治批判をしたものであり、中国人や韓国人一般をその一事をもって単純に蔑視するものではないなどと供述し（甲14、19、32）、本件ネット講演は日本の若年層の愛国心の低下を危惧し、愛国心の向上を目的として行ったものであるなどと陳述し（甲22）、これらの著書や講演が本件ツイート1の前提事実であることを否認する。

しかしながら、原告がその陳述書（甲22）で自認するとおり、原告は、日本人の愛国心の向上を目的として本件ネット講演を配信する等の活動を行っており、このことに、乙7、8、17の各著書の題名（「日本はなぜ世界でいちばん人気があるのか」、「日本の民主主義はなぜ世界一長く続いているのか」、「日本人はいつから日本が好きになったのか」）を併せ鑑みれば、これらの著書は、日本国ないし日本人に関する紹介や考察をし、読者に日本国ないし日本人に対する肯定的評価を感得させるものであると認められる。

一方で、前記（イ）で述べた「中国の話」及び「韓国の話」の内容は、国の政治体制又はその指導者等に対する批判にとどまらず、中国人及び韓国人全体を対象として、その国籍又は民族に伴う属性を指摘し、その「民度」の低さを主張したものというほかない。

また、これらの著書において、原告は、前記認定事実（2）ウ及びエのとおり、中国人について「中国人に付けるクスリはない」①、「民度の低い憐れむべき方々」②、「同じ人間であることすら疑わしく思えます」③、「悪い方にばかり頭を働かせる」⑦、韓国人について「パクるしかない」⑧、「前近代の尻尾をぶら下げた中途半端な近代人」⑨、「理性というものが働かない民族」⑩、「民族まるごとモンスター・クレイマー」⑪、「ゆすり・たかり病」⑫等、あえて不穏当で侮蔑的ともとれる表現を多数用いている。さらに、これらの書籍の表題が「笑えない」「笑える」との文言を含み、その序言部分に、今後紹介するエピソードにつき「椅子から転がり落ちる。」「アホらしさを笑い飛ばしてやろう」等の記載があることと等を併せ考えると、これらの書籍からは、自国を優越的に捉えた上で、他国民・他民族を劣位に置き、「笑い」の対象とする意識が看取されるものというほかない。原告の前記の陳述等は採用できない。

（カ）なお、「中国の話」及び「韓国の話」においては、中国人及び韓国人との関係で、自らの差別意識の存在を否定する記載が存在する（前記認定事実（2）ウ（ア）、（エ）、エ（オ）参照）。

しかしながら、「韓国の話」の末尾部分における原告の主張（前記認定事実（2）エ（オ））は、要するに、韓国の「民度」が低いことを「言わずもがな」と明言した上で、これが韓国の歴史に起因するものである旨を主張し、一方で、「人」については、「誰でも白紙で生まれてきます。」などとして、国家や民族の歴史から切り離された個人の存在を仮定し、さらに、人種差別の定義についても、「その生まれ持った条件（肌の色や出生地）に基づく差別として、歴史や文化を捨象した限定的な解釈を主張している。このような原告の主張は、韓国の歴史や文化を自らのアイデンティティとして考える人々の立場から見れば、むしろ、歴史を理由として自らの文化や「民度」を劣等視することを正当化するものともいい得るものであって、まさに「差別主義的」との評価を受ける余地があるものというほかない。

ウ　続いて、本件ツイート2ないし5に係る前提事実につき検討する。

（ア）前記イ（イ）で述べた「中国の話」及び「韓国の話」は、その内容等に照らして、本件ツイート2ないし5に係る前提事実としても考慮されるべきである。

（イ）また、前記認定事実（2）オ及びカのとおり、原告は、原告アカウント及び動画において、国歌及び国旗に反対する日本人につき、「とっとと日本から出ていけ」と述べ、沖縄の米軍基地への反対活動をする人々につき、「頭が不自由」、「基地外」などと述べ（前記認定事実（2）オ（ア）、（キ））ているほか、いわゆる元従軍慰安婦等についても、「嘘をつく老婆」、「ゆすりたかり」、「売春婦」、「クソババア」などとして侮蔑的な表現を用いている（前記認定事実（2）オ（イ）、（ク）、カ（ウ））。さらに、いわゆる在日外国人については、報道で「自称」とされた容疑者につき、外国人による犯罪の存在を推測し、また、「反日」と自らが考える在日韓国人・朝鮮人については、「日本が嫌いなら、とっとと出ていけ」などと排除を求める主張をしている（前記認定事実（2）オ（カ）、カ（イ））。

（ウ）これに対し、原告は、原告が被告に対し、特定の国やその出身者に対する差別やいじめの常習者であることの根拠を示すよう求めたところ、被告は、単に動画投稿サイトにおける原告のチャンネルが削除されたとのニュースサイト上の記事を挙げるのみであったこと（甲18）、原告が被告に対し、原告が人権侵害のヘイト言論を行う人物であることの根拠を示すよう求めたところ、被告は、乙11の1ないし4の1のツイートを挙げるのみであったこと（甲13の1、3、17）からすれば、本件各ツイートの根拠はこれらの記事ないしツイートのみであり、これらを除く原告の著書やツイートは本件ツイート2ないし5の前提事実ではないと主張する。しかしながら、前記アのとおり、被告が本件ツイート2ないし5を投稿した時点で実際に当該前提事実を認識していたかは、真実相当性について検討が求められる事項であり、本件ツイート2ないし5の前提事実の真実性を左右するものではないから、原告の前記主張は採用できない。

（エ）これに対し、原告は、その陳述書において、被告が指摘する原告のツイートは報道に反応してなされたものであり、具体的な政治に対する批判にすぎないなどと陳述し（甲14、21、28）、被告が指摘するインターネット上の番組は、元従軍慰安婦一般のことを指すわけではなく、元従軍慰安婦ではないのにそのように述べる特定の人物を指すにすぎないなどと陳述し（甲27）、これらのツイートが本件ツイート2ないし5の前提事実であることを否認する。

しかしながら、前記認定事実（2）オのとおり、原告のツイートには、韓国の元従軍慰安婦の像に関連して自らを元従軍慰安婦と主張する人々につき「ゆすりたかり」（（イ））、「韓国は、ゆすりたかりの名人で、暴力団よりたちが悪い国」（（ウ））、「そもそも韓国に、毀損されるような名誉があるのか」（（エ））、「韓国が世界に誇れる偉人は、テロリストと売春婦だけ」（（ク））等、韓国につきあえて攻撃的で侮蔑的ともとれる表現を多数、少なくない頻度で用いており、その一部（ゆすりたかり）は、「韓国の話」における韓国人全体に関する記述とも同旨である（⑫）。このような記載に鑑みれば、単に韓国の国家体制や政治に関する報道を受け、これらを批判するのみに止まらず、読者に対し、韓国や韓国人を劣位に置く意識を与えるものと認めるのが相当である。

また、在日外国人に関するツイート及び動画（乙24、25）は、具体的な根拠を示すことなく、報道における「自称」との表示のみから犯罪に係る容疑者を在日外国人と推定し、在日外国人が実名報道を免れる特権を得ている旨を示唆するものや、「反日的」な在日韓国人・朝鮮人の排除を主張するものであり、後者の動画全体の論調（帰化の促進や長期的な混血による同化等）を考慮しても、在日韓国人・朝鮮人の立場から見れば、日本社会への同化を迫るとともに、これに応じない「反日」的な人々の排除を主張するものであり、自らに対する偏見や差別を助長するものというほかない。原告の前記陳述等は採用できない。

（4）本件各ツイートが意見ないし論評の域を逸脱するか否か

ア　前記2（2）のとおり、本件ツイート1は、原告の思想が「自国優越思想」という根拠のない妄想であり、教育に不適切な考え方であるとの批判的な意見又は論評と解される。

この点、前記（3）で述べたとおり、原告は、「日本はなぜ世界で一番人気があるのか」等の著書において、日本の文化や政治体制につき、外国における評価の観点も含めて肯定的に捉えて称賛し、日本国民の愛国心を強調する一方で、「中国の話」及び「韓国の話」においては、中国人及び韓国人について、その文化的成熟度や「民度」が低い旨等を繰り返し主張しているものであり、このような原告の思想を「自国優越思想」と表現することは、論評の域を逸脱するものとはいえない。

また、他民族に対する差別や憎悪・偏見に反対する被告の立場（前記認定事実（3）参照）に照らせば、原告の上記の主張は、これを無批判に受容した場合には、自国の肯定的な側面のみを強調する一方で、他国民・他民族の否定的な側面を強調し、これを劣等視する思想につながりかねないものというほかなく、教育委員会における原告の講演予定に関して、「根拠のない妄想」として、教育に不適切な考えである旨を主張することも、論評の域を逸脱するものとはいえない。

イ　また、前記2（3）で述べたとおり、本件ツイート2ないし5は、原告の思想が差別主義的であり、これに基づく発言等が常習的な人権侵害に該当するとの意見又は論評と解される。

（ア）この点、前記（3）のとおり、「中国の話」及び「韓国の話」における原告の記述は、中国人及び韓国人全体を対象として、その国籍又は民族に伴う属性を指摘し、その「民度」の低さを主張したものであり、また、あえて不穏当・侮蔑的な表現を多数用いて、他国民・他民族を劣位に置き、「笑い」の対象としたものというほかない。また、自らの差別意識の存在を否定する一部記載も、自らの歴史的なアイデンティティを自覚する他国民・他民族の立場からは、むしろ差別を正当化する主張として評価する余地があるものである。

（イ）また、原告アカウントにおけるツイートや動画は、元従軍慰安婦に関し、攻撃的又は侮蔑的な表現を繰り返し用いて、読者に対し、韓国人を劣位に置く意識を与えるものであり、また、在日韓国人・朝鮮人の立場から見れば、全体として、日本社会への同化を迫るとともに、これに応じない「反日」的な人々の排除を主張するものであり、自らに対する偏見や差別を助長するものというほかない。

（ウ）以上の前提事実を考慮すると、原告の思想を「差別主義的」とする被告の論評は、前記（ア）で述べたところに照らして、相応の根拠を有するものであり、また、前記（イ）のとおり、原告が、元従軍慰安婦につき攻撃的・侮蔑的な発言を繰り返し、在日韓国人・朝鮮人につき、犯罪との関連を示唆したり、その排除に関する発言を繰り返していることに照らせば、これらの発言を人権侵害の観点から捉えることについても相応の根拠を有するものである。

一方で、「人権侵害常習犯の差別主義者」等の表現は、前記（ア）及び（イ）で述べたところを考慮しても、穏当さを欠き、誇張した表現ではあるものの、被告が、自国礼賛や他国蔑視の思考が戦争回帰の事態を招くおそれがあるとの思想（前記1（3）アないしウ）から、被告が感得した原告の思想を批判的に表そうとしたものとして理解することができ、いたずらに原告を揶揄し、侮蔑するような表現にわたっているとまではいえず、意見ないし論評の域を逸脱するものであるとまでは認められない。

ウ　これに対し、原告は、本件各ツイートが、原告への人格攻撃に及ぶものであり、公正な論評の域を逸脱するものであり許されないと主張する。しかしながら、本件各ツイートは、その主要な点は、公共機関が主催する中高生向けの講演会に原告を登壇させる講演会を主催しようとすることへの批判に向けられたものであり、原告の人格そのものを取り上げてことさらに侮辱、中傷するものとは解されないことは、これまで判示してきたとおりである。また、前記判示のとおり、他国と対比して自国を礼賛する考え方をめぐり、原告と被告が意見を異にするものであり、原告及び被告の活動のいずれについても一定の周知性を有していたことからすれば、本件各ツイートが、被告の立場として原告の活動ないし言動を批判するものとして表明されたものであることは、一般の読者の普通の注意と読み方を基準として容易に理解できるものであるから、原告の人格自体を否定する表現であるとまでは認められない。そして、前記認定事実（1）及び（2）のとおり、原告が講演会を複数回実施したり複数の著書を出版したりするなど、社会的に相当程度の影響力を有していたことや、前記認定事実（2）のとおり、原告自身も他国や他民族、原告と意見を異にする活動者等に対する批判的意見を加える際に、あえて攻撃的で侮蔑的ともとれる表現を多数使用し、読者が感得する当該批判的意見の対象への否定的評価をより一層高める手法を少なくない頻度で用いており、このような表現の内容・態様に鑑みると、原告としても、一定の批判は甘受すべきであったといえる。以上の事情を考慮すれば、被告による本件各ツイートの表現が、意見ないし論評の域を逸脱するものとは認められず、原告の前記主張を採用することはできない。

（5）小括

以上のとおり、本件各ツイートが、いずれも原告の社会的評価を低下させるものであったとしても、公正な論評ないし意見の表明として違法性を欠くものであるというべきである。この点は、本件各ツイートにつき原告が主張する名誉感情の侵害についても同様であると解される。

そうすると、原告の主張は、その余の原告の主張につき検討するまでもなく、いずれも理由がないこととなる。

第4　結論

以上の次第で、原告の請求はいずれも理由がないからこれを棄却することとして、主文のとおり判決する。

東京地方裁判所民事第1部

裁判長裁判官　前澤達朗

裁判官　実本滋

裁判官　浅井彩香

※「山崎雅弘さんの裁判を支援する会」のサイト（https://yamazakisanwosien.wixsite.com/mysite）では、本判決（東京地裁判決文）の全文を含め、以下の文書を閲覧・ダウンロードしていただけます。

《一審》

◆被告第2準備書面（一部）◆被告第5準備書面◆被告第8準備書面　◆陳述書（原告の「これは差別ではない」という主張について）◆陳述書（原告が予定していた朝日町の講演内容について）◆東京地裁判決文

《控訴審》

◆控訴答弁書　◆被控訴人第1準備書面　◆控訴審陳述書（控訴理由書の問題点について）◆控訴審陳述書（乙41・42の動画4について）◆控訴審陳述書（「人種差別撤廃条約」等に照らした控訴人のツイートの問題点について）◆控訴審陳述書（「日韓関係が悪い状態の方が望ましい」という控訴人の主張について）◆東京高裁判決文

《上告審》

◆最高裁判決文

山崎雅弘（やまざき　まさひろ）

戦史・紛争史研究家

1967年大阪府生まれ。古今東西の戦史・紛争史を多面的に分析する著述活動のほか、時事問題に関する論考を新聞・雑誌・インターネット媒体などに寄稿。主な著書に『未完の敗戦』『歴史戦と思想戦　歴史問題の読み解き方』『太平洋戦争秘史』『第二次世界大戦秘史』『沈黙の子どもたち』『［増補版］戦前回帰』『「天皇機関説」事件』など。趣味は旅行と美術・博物館めぐり。

ある裁判の戦記

竹田恒泰との811日間の戦い

2023年5月25日　　第1刷発行

著　者　山崎雅弘

発行者　竹村正治

発行所　株式会社かもがわ出版
〒602-8119　京都市上京区堀川通出水西入
TEL 075-432-2868　FAX075-432-2869
振替 01010-5-12436
ホームページ http://www.kamogawa.co.jp

印刷所　シナノ書籍印刷株式会社

ISBN978-4-7803-1276-8 C0036